Haufe

Einfach! Praktisch!

Kleines Format, riesiger Erfolg!

Haufe TaschenGuides

NUR
€ 6,90 [D],
€ 7,10 [A] sFr 12,90

978-3-448-09946-1

Sicheres Auftreten auf internationalem Parkett!
Ob für Gespräche am Telefon oder E-Mails, Präsentationen oder Meetings - hier erhalten Sie alle Bausteine, Redewendungen und Vokabeln für professionelle Geschäftskontakte auf Englisch. Mit großem Trainingsteil.

Best of-Edition

NUR
€ 6,90 [D],
€ 7,10 [A] sFr 12,90

978-3-448-09947-8

Basiswissen für Führungskräfte!
Mit diesem TaschenGuide lernen Sie, sicherer zu entscheiden, besser zu planen und Mitarbeiter kompetent zu führen. Mit zahlreichen Beispielen und Tests zur Vertiefung des Wissens.

978-3-448-09949-2

Von der Planung bis zum Abschluss
- alle Techniken und Instrumente, um Projekte erfolgreich durchzuführen. So schaffen Sie optimale Voraussetzungen, um Projektphasen sinnvoll zu definieren und Probleme zu erkennen und zu entschärfen.

Doppelter Umfang, gleicher Preis

978-3-448-09299-8

Über die Körpersprache gibt man wichtige Signale weiter. Lesen Sie hier, was durch Körperhaltung, Gestik und Stimme transportiert wird. Wie Sie Ihre Körpersprache wirkungsvoll einsetzen und Ihr Gegenüber besser durchschauen.

978-3-448-09100-7

Das kleine Einmaleins der Durchsetzungsfähigkeit! Wie Sie sich selbst richtig motivieren, in Gesprächen strategisch vorgehen, Ihren Marktwert steigern und Ihre persönlichen Ziele durchsetzen.

Doppelter Umfang, gleicher Preis

978-3-448-09087-1

Verbinden Sie berufliche Vorteile mit dem Vergnügen eines angenehmen Gesprächs – beim Small Talk! Lernen Sie hier, Kontakte zu pflegen, Informationen auszutauschen oder die Basis für eine gute Zusammenarbeit zu legen.

978-3-448-09099-4

978-3-448-09298-1

NUR
€ 6,90 [D],
€ 7,10 [A] sFr 12,90

978-3-448-09950-8

Erfolgreich im Team!
Hier erfahren Sie alles über Persönlichkeitstypen, Motivation, Hierarchien, Aggressionen und Gruppendynamik. Mit Techniken zur Konfliktbewältigung und Optimierung von Teamarbeit.

978-3-448-09948-5

Professionelle Kundenbindung!
Ob E-Mail-Marketing, Beratungsgespräch oder After Sales Service - dieser TaschenGuide stellt Ihnen die erfolgreichsten Maßnahmen und Strategien zur Kundenbindung vor. Manchmal genügt schon ein geringer Aufwand.

Krisensicher

978-3-448-09971-3

Jetzt informieren und absichern, um der Finanzkrise zu trotzen! Die besten Tipps zu gewinnbringenden Geldanlagen und solider Altersvorsorge, Selbstmarketing im Job und den ersten Schritten nach einer Kündigung.

978-3-448-09970-6

Orientierung für den Fall der Kündigung! Worauf Sie bei Aufhebungsverträgen achten sollten und wie Sie sich bei Unrechtmäßigkeiten wehren können, was Ihnen an Leistungen zusteht und welche Pflichten Sie haben.

Kompetent

NUR
€ 6,90 [D],
€ 7,10 [A] sFr 12,90

978-3-448-07984-5

Vom richtigen Business-Outfit über tadellose Tischmanieren bis zur stilvollen Korrespondenz. So verhalten Sie sich stets korrekt und souverän in allen beruflichen Situationen. Mit zahlreichen Beispielen.

978-3-448-09313-1

Das Aushängeschild für Ihre Bewerbung! Hier erfahren Sie, wie ein korrektes Arbeitszeugnis aussieht, was es enthalten muss und was nicht hineingehört, wie Sie verschlüsselte Botschaften erkennen und den Zeugniscode knacken.

978-3-448-09115-1

Entspannt mehr erreichen! Mit diesem Ratgeber lernen Sie, Anspannungen und Überlastungen mit Gelassenheit zu bewältigen und auch schwierige Stresssituationen mit Chefs, Mitarbeitern oder Kunden zu meistern.

978-3-448-09231-8

Prioritäten richtig setzen, auch mal nein sagen und mit Zeitfressern sinnvoll umgehen – gutes Zeitmanagement ist erlernbar. Hier erfahren Sie, wie es geht und wie Sie Ihren Zeitbedarf und Ihr Zeitbudget ermitteln.

Noch mehr Taschenguides finden Sie unter www.taschenguide.de

Stress ade

Die besten Entspannungstechniken

Roland Geisselhart
Christiane Hofmann

5. Auflage

Haufe

Inhalt

Vorwort

Über Stress klagen heutzutage immer mehr Menschen: Der Beruf stellt immer höhere Anforderungen an jeden Einzelnen, unter Zeitdruck sollen Höchstleistungen erbracht werden, der Konkurrenzdruck wächst. Die Zeit, in der man zur Ruhe kommen oder Hobbys nachgehen kann, wird immer weniger oder bleibt ganz auf der Strecke. Das Ergebnis: Man fühlt sich ausgebrannt, ist gereizt und unausgeglichen – im schlimmsten Fall treten körperliche Beschwerden auf.

Dieser TaschenGuide soll für Sie ein Leitfaden sein: Er zeigt Ihnen, wo Ihre Stressoren liegen, welcher Art sie sind und wie Sie sie in den Griff kriegen können. Außerdem bietet er Anregungen, wie Sie auf lange Sicht hin Ihren Berufsalltag so gestalten können, dass Sie mit Spaß Ihr Arbeitspensum bewältigen.

Die vorgestellten Entspannungsmethoden können auch ohne Erfahrung schnell umgesetzt werden. Schon wenn Sie nur zehn Minuten täglich investieren, werden Sie merken, wie Sie den Anforderungen des Alltags ruhiger und gelassener entgegentreten können. Damit der Berufsalltag Sie nicht auffrisst!

Roland Geisselhart und Christiane Hofmann

Stress – der fast alltägliche Begleiter

Sie stehen unter Strom – sind Sie etwa verliebt? Tatsächlich ist nicht jede Stress-Situation negativ! Erkennen Sie selbst, welcher Stress Sie weiterbringt – und welcher an Ihre Substanz geht.

Im folgenden Kapitel erfahren Sie

- wie Stress entsteht (S. 6),
- wie stressempfindlich Sie persönlich sind (S. 10) und
- was Sie gegen Stress tun können (S. 16).

Was versteht man unter Stress?

Stress kennt heutzutage fast jeder: Vom Schulkind über den Angestellten, die Hausfrau, den Bauarbeiter und die Verkäuferin bis hin zum obersten Chef: Jeder ist „echt gestresst", „voll im Stress" oder hat „den ganzen Tag Stress". Aber was ist das eigentlich, Stress?

Positiver und negativer Stress

Unter negativem Stress können Sie sich sicherlich leicht etwas vorstellen: Es ist Montag, der Schreibtisch quillt über, das Telefon klingelt ständig, die Kollegen nerven, der Chef möchte, dass alles am besten schon vorgestern erledigt worden ist, das Mittagessen musste mal wieder ausfallen und zu allem Unglück kommt die Schwiegermutter gerade dann zu Besuch, wenn die lieben Kleinen die Röteln haben.

Tage wie dieser kommen uns allen mehr oder weniger bekannt vor. Wenn sich solche Stressphasen aber zu einem Dauerzustand entwickeln, sind Bluthochdruck, Magengeschwüre und schlimmstenfalls ein Herzinfarkt die Folge.

Auf der anderen Seite kann ein gewisser Druck aber auch dafür sorgen, dass wir besser arbeiten und kreativer sind. Alle Sinne sind hellwach und aufnahmebereit. Dieser positive Stress ist ungefährlich, ja sogar lebensnotwendig.

Stress im Sinne von „Anspannung", „bereit sein", „auf dem Sprung sein" ist also durchaus etwas Nützliches und Positives.

Wissenschaftler haben herausgefunden, dass es von der Einstellung eines jeden Einzelnen abhängt, wie schnell und wie heftig er unter Stress leidet – oder auch nicht. Wer extrem konkurrenzorientiert und ehrgeizig ist, dem schaden Druck und Belastung deutlich mehr als jemandem, der sich von allzu überzogenen Vorstellungen abgrenzen kann.

Wie gehen Sie mit Herausforderungen um?

Letztendlich lautet die entscheidende Frage: Fühlen Sie sich in einer anstrengenden Situation eher unter Druck oder betrachten Sie sie als Herausforderung, in der Sie beweisen können, was in Ihnen steckt? Je nachdem, wie Sie diese Frage für sich beantworten, werden Sie „im Stress" in alte Verhaltensmuster verfallen, die Ihnen letztendlich aber nicht weiterhelfen, oder Sie mobilisieren Ihre inneren Ressourcen, um neue Wege zu gehen und andere Lösungen zu entdecken.

Gerade in den Situationen, die Ihre ganze Energie fordern, lernen Sie am ehesten Ihre Flexibilität einzusetzen und andere Strategien zu entwickeln. Versuchen Sie dagegen neue Belastungen mit alten Strategien zu bewältigen, werden Sie bald an Ihre Grenzen stoßen und sich erschöpft, ausgelaugt und gestresst fühlen.

Je eher Sie sich zutrauen, mit den Herausforderungen und Belastungen, die sich Ihnen von außen stellen, fertig zu werden, umso eher bleiben Sie von alleine gesund und leistungsfähig.

Dieses Vertrauen in die eigenen Fähigkeiten unterstützen Sie umso mehr, je konsequenter Sie sich nicht selbst unter allzu hohe Leistungsansprüche stellen. Hier greifen einmal mehr die Techniken zum Stressabbau, die in diesem Buch vorgestellt werden: Mit ihrer Hilfe können Sie immer wieder herausfinden, ob das, was Sie tun und anstreben, für Ihre innere Ruhe und Ihr Wohlergehen wirklich förderlich ist.

Wenn Sie mit diesem TaschenGuide intensiv arbeiten wollen, empfehlen wir Ihnen sich ein „Arbeitsbuch" zuzulegen, in dem Sie Ihre Antworten und Ergebnisse festhalten können. Sobald Sie wichtige Dinge aufschreiben, werden sie greifbar, lassen sich jederzeit nachvollziehen und bieten Ihnen umso mehr Kraft und Motivation Ihre Ziele weiter zu verfolgen. Durch Schreiben wird das Gedachte festgehalten; die Theorie wird praktisch erfahrbar und lässt sich umso leichter verändern.

Wie entsteht Stress?

Gelegentlicher Stress kann durchaus anregend und kräftigend wirken, denken Sie zum Beispiel an sportliche Betätigung: Niemand käme auf die Idee, sein Fitnesstraining im gleichen Sinne als stressig zu bezeichnen wie etwa einen anstrengenden Vormittag im Büro, wenn alle fünf Minuten das Telefon klingelt oder eine neue Anforderung an Sie herangetragen wird. Eine Situation wird jedoch in dem Moment zu belastendem Stress, wo Sie sich von ihr überfordert fühlen. Das kann auf verschiedenen Ebenen geschehen:

- Sie haben viel zu erledigen und nur wenig Zeit.
- Sie möchten etwas ganz besonders gut machen.

- Es kommt etwas Unerwartetes dazwischen, das Ihre ursprünglichen Pläne durchkreuzt.
- Sie sehen sich mit einer besonders schwierigen Aufgabe konfrontiert.
- Sie werden andauernd unterbrochen und abgelenkt.
- Sie haben andere Dinge im Kopf oder sind durch private Sorgen belastet.
- Sie fühlen sich kraftlos und überfordert, vielleicht sogar krank.
- Sie sollen eine wichtige Entscheidung treffen, haben aber nicht die Informationen, die Sie dafür bräuchten.
- Irgendjemand fängt plötzlich Streit mit Ihnen an.

Äußere und innere Anforderungen wachsen Ihnen über den Kopf und scheinen nicht mehr zu enden. Schließlich reagieren Sie nur noch wie ein Roboter und versuchen mehr zu geben als Sie überhaupt noch geben können. Damit überfordern Sie Ihre Leistungsfähigkeit, der Körper reagiert mit entsprechenden Stresssymptomen wie innerer Unruhe, Reizbarkeit, Kopf schmerzen, Zittern, Herzklopfen oder sogar Herzrasen, Nervosität, Schwindelgefühlen, Angstzuständen und so weiter.

Diesen Reaktionen können Sie Einhalt gebieten, im besten Fall lassen Sie es gar nicht erst so weit kommen. Denn auf Dauer ist kein Mensch einer solchen Anspannung gewachsen – der Organismus wird über kurz oder lang die ersten Alarmzeichen aussenden.

Leiden Sie unter Stress?

Jeder Mensch hat seine eigenen Kriterien, nach denen er etwas als Anstrengung empfindet. Manche kommen erst so richtig in Fahrt und blühen zusehends auf, wo andere bereits „voll im Stress" sind. Wieder andere sind in bestimmten Bereichen besonders empfindlich und reagieren hier außergewöhnlich schnell mit körperlichen Stresssymptomen. Testen Sie hier, ob und wie sehr Sie unter Stress leiden:

Checkliste: Wann geraten Sie in Stress?

Entscheiden Sie bei den folgenden Aussagen, ob Sie in solchen Momenten immer (3 Punkte), häufig (2 Punkte) oder eher selten (1 Punkt) in Stress geraten:

Situation	Punkte
▪ Sie verpassen den Bus, Zug o. Ä.	2
▪ Ihr Vorgesetzter lässt Sie zu sich rufen.	2
▪ Sie bekommen an Ihrem Arbeitsplatz eine neue Aufgabe zugewiesen.	2
▪ Sie müssen nach Feierabend noch einkaufen gehen.	2
▪ Sie haben Streit mit Ihrem Partner/Ihrer Partnerin.	1
▪ Ihnen wird bewusst, dass Sie bei Ihrer Tätigkeit große Verantwortung tragen.	3

Situation	Punkte
▪ Sie haben akute Geldsorgen.	1
▪ Sie denken, dass Sie Ihre Arbeit sowieso nicht gut genug machen.	1
▪ In der Post ist ein Brief vom Finanzamt.	1
▪ Sie fühlen sich, als sei eine Grippe im Anmarsch.	1
▪ Sie fahren auf der Straße an einem Auffahrunfall mit Blechschaden vorbei.	2
▪ Sie müssen sich auf eine wichtige und dringende Arbeit konzentrieren, als plötzlich das Telefon klingelt.	3
▪ Ihr Fernseher gibt genau während der Abendnachrichten den Geist auf.	3
▪ Ihrem Partner wird die Arbeitsstelle gekündigt.	1
▪ Es ist schon spät und Sie müssen noch bis morgen eine wichtige Präsentation vorbereiten.	2
▪ Sie merken, dass die Arbeit, die Sie gerade tun, für Ihr Empfinden noch nicht gut/exakt genug ist.	2
▪ Sie fühlen sich in Konkurrenz zu einer anderen Person.	1
▪ Sie müssen wichtige Erledigungen nach Prioritäten ordnen, wollen aber nichts aufschieben.	3

Situation	Punkte
▪ Sie wachen nachts auf und können nicht mehr einschlafen, obwohl Sie sehr müde sind.	2
▪ Sie werden von Ihrem Vorgesetzten gebeten, wegen des hohen Arbeitsanfalls Überstunden zu machen.	3
▪ Sie wollen ein wichtiges und zeitaufwendiges Projekt noch zu Ende bringen, deshalb aber keinesfalls auf Ihre Freizeit verzichten.	3
▪ Sie fühlen sich in Vorstellungen und Ansprüchen gefangen, die Ihre Umgebung an Sie hat.	3
Gesamtpunktzahl:	44

Auswertung: Wie Sie mit Stress umgehen

22-36 Punkte:

Gratulation! Sie haben den Stress meistens im Griff und wissen Ihre Kräfte gut einzuteilen. Sie spüren instinktiv, wo die innere Anspannung für Sie gut und nützlich ist und wo sie sich nicht lohnt, weil sich dadurch nichts ändern lässt. Gönnen Sie sich trotzdem immer wieder bewusst kleine Verschnaufpausen. Damit das auch so bleibt, werden wir Ihnen einige Vorschläge dazu machen (ab Seite 26).

37-51 Punkte:

Ihr Stressgefühl ist gut ausgeprägt, andererseits muten Sie sich auch eine ganze Menge zu. Achten Sie darauf, dass Sie rechtzeitig spüren, wann Ihnen etwas zu viel wird und Sie zu überfordern droht. Machen Sie immer wieder kleine Pausen und reagieren Sie möglichst schnell schon auf kleinste Anzeichen von Stress und Unwohlsein.

52-66 Punkte:

Sie haben ein hohes Stressempfinden und fühlen sich leicht bis an die Grenzen Ihrer Leistungsfähigkeit und darüber hinaus gefordert. Für Sie ist es wichtig, sich klar zu machen, dass Sie Ihr Möglichstes tun, um die Anforderungen zu erfüllen: Mehr geht beim besten Willen nicht, ohne dass Sie sich Ihre Gesundheit und Ihre Lebensfreude völlig ruinieren. Die beste Voraussetzung für die Erhaltung bzw. Wiederherstellung Ihrer Leistungsfähigkeit liegt darin, dass Sie sich selbst nicht so oft unter Druck setzen,

1 immer

2 alles

3 optimal

erledigen zu wollen. Dazu werden wir Ihnen später noch ein paar konkrete Tipps geben.

Stressempfinden ist subjektiv

Vielleicht haben Sie bemerkt, dass Sie bei einigen Fragen zwischen zwei Bewertungen schwankten, und vielleicht würden Sie sogar ein und dieselbe Frage unterschiedlich beantworten, wenn Sie sie in ein paar Tagen noch einmal ansehen.

Die Einschätzung, ob etwas als stressig empfunden wird, hängt von sehr vielen Faktoren ab. Schon das täglich wechselnde (Wohl-)Befinden kann eine Rolle spielen: Wenn Sie schlecht geschlafen haben, sind Sie schneller reizbar als nach zehn Stunden tiefem, erholsamem Nachtschlaf. Wenn Sie sowieso schon im Stress sind, ist eine Kleinigkeit, die Sie normalerweise nicht kümmern würde, vielleicht schon der nächste Auslöser für innere Unruhe und Nervosität.

Wann ist Stress gesund?

Ein bestimmtes Maß an Spannung ist notwendig und gesund. Auch in eindeutigen Gefahrensituationen ist es wichtig, dass der Körper schnell und zuverlässig funktioniert, dass er eine große Menge Adrenalin ausschüttet und so die Reaktionsfähigkeit gewährleistet, die Sie in dieser Situation benötigen.

Stress hilft schnell zu reagieren

Denken Sie zum Beispiel an eine brisante Situation im Straßenverkehr: Sie erschrecken, treten intuitiv und blitzschnell auf die Bremse – und schon ist die Gefahr vorüber. Dank der Stressreaktion Ihres Körpers konnten Sie sich selbst helfen.

Auch in weniger gefährlichen Momenten ist es oft von Nutzen, über eine besondere Anspannung und Wachheit zu verfügen, um wichtige Informationen schnell aufnehmen und umsetzen zu können, so zum Beispiel

- in einer Prüfungssituation,
- bei wichtigen Gesprächen mit Kollegen oder Vorgesetzten,
- im Straßenverkehr,
- bei Telefonaten mit Kunden,

- im Umgang mit Dienstleistern und Behörden oder
- wenn es um finanzielle Fragen und Sachverhalte geht.

Selbst in Situationen, die Sie mit dem Begriff „Stress" eher nicht in Verbindung bringen würden, reagiert der Körper oft mit der gleichen Anspannung wie in den eben beschriebenen Beispielen. Nur registrieren Sie das nicht, weil Sie die äußeren Gegebenheiten als eher angenehm empfinden und sich zunächst nicht überfordert fühlen.

„Wohlfühlstress"

Denken Sie einmal zurück, als Sie eine besonders schöne Situation in Ihrem Beruf erlebten, vielleicht eine Beförderung, ein Lob oder einfach ein angenehmes Gespräch mit Ihrem Vorgesetzten – oder als Sie das letzte Mal verliebt waren.

In solchen Momenten sind Sie hellwach und vollkommen präsent. Gleichzeitig geht Ihr Puls schneller, Sie spüren vielleicht Ihr Herz kräftig schlagen, haben feuchte Hände, zitternde Knie – die gleichen Symptome wie bei „echtem" Stress. Aber in diesem Fall sind sie sogar gesund für Ihren Organismus und fördern ein klares, deutliches Erleben der jeweiligen Situation.

„Echt gestresst" fühlen Sie sich meistens erst dann,

- wenn Sie die jeweilige äußere Situation als anstrengend empfinden,
- wenn die Anspannung länger andauert und
- wenn Sie sich ab einem gewissen Punkt überfordert fühlen.

In diesem Moment gelingt es Ihnen selten, kurz innezuhalten und wieder etwas „herunterzuschalten". Meistens sieht die Reaktion anders aus: Sie investieren eher noch mehr Energie, um die anstrengende Situation möglichst schnell zu beenden und geraten so in eine Art Teufelskreis, wo im Kampf gegen den Stress neuer Stress entsteht.

Warum Entspannung so wichtig ist

In der heutigen Berufswelt kann die Wichtigkeit der Entspannung gar nicht stark genug betont werden. Regelmäßig vom Alltag abzuschalten, in welcher Form auch immer, ist der notwendige Gegenpol zu den vielen Stressoren, die Ihnen täglich begegnen.

Das natürliche Gleichgewicht finden

Wichtig für Ihre körperliche und seelische Gesundheit ist es nun, dass Sie einerseits ein natürliches Gleichgewicht zwischen „echtem" und „gesundem" Stress finden, andererseits aber auch zwischen jeglicher Art von Anspannung und Zeiten völliger Entspannung.

In der Natur finden Sie diese Polarität an vielen Stellen: Sommer und Winter, Tag und Nacht, Wachen und Schlafen – um nur wenige Beispiele zu nennen – sind solche Paare, die einander voraussetzen, sonst könnten sie nicht existieren. Und genauso gehören Anspannung und Entspannung zusammen; das eine kann ohne das andere nicht sein.

Wenn Sie nur noch im Stress leben, wird Ihr Körper eines Tages nicht mehr mithalten können; Herzinfarkt und Schlaganfall sind die Folge. Andererseits können Sie auch nicht nur in der Entspannung sein, sonst verliert Ihr Organismus seine natürliche Spannkraft und Vitalität. Das gesunde Mittelmaß ist also der entscheidende Faktor.

Was tun Sie gegen Stress?

Wie verhalten Sie sich, wenn Sie sich gestresst fühlen? Vielleicht kommt Ihnen die eine oder andere der folgenden Möglichkeiten bekannt vor:

- Sie arbeiten noch ein wenig schneller, um Zeit zu gewinnen oder dem Zeitdruck zu begegnen.
- Sie beklagen sich bei Ihrem Partner oder einem Freund/einer Freundin über Ihre Belastung.
- Sie gönnen sich etwas besonders Gutes zu essen, um sich zu motivieren oder zu belohnen.
- Sie zünden sich erst einmal in aller Ruhe eine Zigarette an.
- Sie versuchen sich Ihre Nervosität nicht anmerken zu lassen.
- Sie nehmen ein Beruhigungsmittel ein.

All dies sind natürlich, wenn überhaupt, nur kurzfristige Lösungen, die schon beim nächsten Stressanfall nicht mehr wirksam sind oder einer Steigerung bedürfen. Notwendig ist aber eine längerfristig wirksame Strategie, mit deren Hilfe sich der Stress dauerhaft verringern lässt.

Aufgabe: Wie reagieren Sie auf Stress?

Denken Sie an ein paar Gegebenheiten, die bei Ihnen leicht Stress auslösen. Wie verhalten Sie sich da? Notieren Sie vier bis fünf Reaktionen, die Sie von sich gut kennen. Sie brauchen diese Liste für Ihre persönliche Anti-Stress-Strategie.

1 Ich rege mich auf
2 Ich bin gereizt u. launisch
3 Ich bin unfair gegenüber anderen
4 Ich werde hektisch u. laut
5 versinke in Selbstmitleid

Die Anti-Stress-Strategie

Wer viel unter Stress leidet sollte eine persönliche Anti-Stress-Strategie entwickeln. Hier geht es darum, die persönlichen Stressoren ausfindig zu machen und nach und nach gezielt abzubauen.

Auf den ersten Blick unterscheiden wir zwei Arten von Stressoren:

- äußere Stressoren wie Zeitdruck, Anweisungen an der Arbeitsstelle, eine belastende finanzielle Hintergrundsituation usw.
- innere Stressoren wie das eigene (übersteigerte) Verantwortungsgefühl, Versagens- oder Verlustängste, Konkurrenzgefühle usw.

Äußere und innere Stressoren unterscheiden

Die äußeren Stressauslöser sind naturgemäß leichter zu erkennen; ihnen begegnen Sie am ehesten durch einen effektiven Einsatz von Zeit und Energie. „Optimiertes Selbstmanagement" lautet hier das Schlagwort. (Darauf werden wir im dritten Abschnitt noch ausführlich eingehen, ab. S. 49.)

Die inneren Stressoren lassen sich schon schwieriger durchschauen – ist es doch im Allgemeinen viel einfacher die Schuld auf die anderen zu schieben: Lieber sind der Chef, der Partner, die Kinder, die Angestellten, der Busfahrer, die Putzfrau usw. Schuld daran, dass Sie in Stress geraten, als dass Sie sich eingestehen, dass es im Moment Ihr eigener Perfektionismus ist, der Sie unter Druck setzt. Hier lässt sich nichts einfach anders organisieren, delegieren oder auf später verschieben; hier sind es oftmals eher die eigenen diffusen Gefühle, die die Empfindung von Stress und Überforderung hervorrufen.

Doch auch solchen Stressauslösern lässt sich wirksam entgegenwirken: Wenn Sie sich regelmäßig bewusst entspannen und auf Ihre inneren Werte besinnen, werden Sie bald feststellen, dass Sie sehr viel weniger innere Anspannung verspüren und sich insgesamt wohler und leistungsfähiger fühlen.

In vier Schritten zur persönlichen Strategie

Jeder kann und muss seine eigene Strategie ausfindig machen, es gibt keine allgemein gültigen Anweisungen. Deshalb sollten Sie zunächst eine genaue Vorstellung von Ihren persönlichen Stressauslösern bekommen.

Aufgabe: Beobachten Sie sich

Beobachten Sie sich in den nächsten Tagen und Wochen und notieren Sie möglichst viele Situationen, in denen Sie sich angespannt oder gestresst fühlen.

Versuchen Sie, Gemeinsamkeiten zwischen diesen Situationen zu entdecken. Welches sind äußere, welches innere Stressoren?

Nach einer gewissen Zeit wird sich Ihr persönliches Stressprofil abzeichnen. Dann werden Sie die auslösenden Situationen immer schneller als solche erkennen und ihnen entgegenwirken können.

In vier Schritten zur persönlichen Strategie

1. Sie beobachten sich eine Zeit lang und finden heraus, wo genau Ihre persönlichen Stressoren liegen.
2. Sie unterscheiden äußere, konkrete und innere, eher abstrakte Stressoren.
3. Die äußeren verringern Sie durch verbesserte (Selbst-) Organisation.
4. Die inneren lindern Sie durch regelmäßige aktive Entspannung.

Gleichzeitig können Sie schon jetzt beginnen etwas für Ihr Wohlbefinden zu tun. In den folgenden Kapiteln zeigen wir Ihnen, wie Sie auf die verschiedensten Weisen dem Stress begegnen und sich entspannen können. Denn ganz wesentlich für die Stressbewältigung ist die Art, wie Sie dem Stress begegnen. Extreme Anstrengung muss nicht zwangsläufig krank machen. Eine viel größere Gefahr für die körperliche und seelische Gesundheit ist eine falsche Einstellung.

Ob Sie sich über neue Aufgabenstellungen und -gebiete eher freuen oder nicht, ob Sie Erfolg ausschließlich über die Anerkennung anderer definieren oder nicht und ob Sie Schicksal als etwas Gottgewolltes oder als Aufgabe begreifen – all diese Faktoren spielen bei der Stressbewältigung eine Rolle.

Wie auch immer Ihre Einstellung zu Stress ist – sie ist nicht unabänderlich, sondern Sie können sie verändern!

Helfen Medikamente?

Oftmals scheint es eine schnelle Erleichterung zu sein, sich bei großem Stress vom Arzt Beruhigungspillen verschreiben zu lassen: Sie holen sich das Medikament einfach in der Apotheke ab und haben sofort die Patentlösung stets griffbereit in der Hosentasche. Wenn es Ihnen zu anstrengend wird, Sie sich aufregen oder nicht mehr weiter wissen: schnell eine kleine Tablette, und die Welt ist wieder in Ordnung.

Ist sie das? Im Allgemeinen nicht. Sicherlich gibt es auch einige wenige Fälle, wo eine medikamentöse Behandlung sinnvoll und angebracht ist, zum Beispiel in einer akuten Krise, wenn keine anderen Möglichkeiten zur Verfügung stehen. Aber das dürfte eher die Ausnahme sein.

Normalerweise haben Beruhigungspillen eher Nachteile für Sie:

- Die Medikamente wirken meist nur kurzfristig; in der nächsten ähnlichen Situation sind Sie wieder genauso an gespannt und hilflos.
- Der schnelle bequeme Griff zur Schachtel verhindert, dass Sie sich selbst eine mittelfristig wirksame Lösung oder Strategie überlegen.
- Sie geben die Verantwortung für Ihr Wohlbefinden aus der Hand.
- Beruhigungspillen dämpfen meist gleichzeitig die Wachheit und Reaktionsfähigkeit, so dass Sie deutliche körperliche Einschränkungen erfahren.
- Mit der Zeit gewöhnen Sie sich an das Mittel und seine Wirkung lässt nach. Sie brauchen etwas Stärkeres und geraten langsam in einen Kreislauf von Abhängigkeit und Sucht.

Viel wirksamer und effektiver ist es, sich nach einer mittel- bis langfristig wirksamen Methode umzusehen, mit deren Hilfe es Ihnen immer wieder gelingen kann, den Stress aus eigener Kraft in seine Schranken zu verweisen und an den Herausforderungen, die sich Ihnen dabei stellen, innerlich zu wachsen.

Soforthilfe gegen Stress

Haben Sie schon einmal mit Gummibärchen Ihre innere Ruhe wiedergewonnen – ganz ohne Kalorienzufuhr? Es gibt wirksamere Techniken, um Ärger, Einschlafschwierigkeiten und andere Stresssymptome in den Griff zu bekommen.

In diesem Kapitel erfahren Sie, wie Sie

- sich in einer zehnminütigen Pause optimal regenerieren (S. 24),
- Ihren Körper stressresistent machen (S. 28)
- Ihr Gehirn zur Stressbewältigung nutzen (S. 34) und
- bewusst Freiräume nutzen (S. 37).

Fit in zehn Minuten

Je größer der Zeitdruck ist, unter dem Sie stehen, umso wichtiger ist es, dass Sie sich regelmäßig etwas Zeit zum Auftanken nehmen. Das mag zunächst widersprüchlich klingen, doch bei genauerem Überlegen werden Sie feststellen, dass etwas Wahres daran ist: Denn je öfter Sie das Gefühl haben, dass Sie über Ihre Zeit nicht mehr selbst verfügen können, weil so viele Ansprüche von außen bestehen, umso wohltuender ist die Erfahrung, dass Sie trotzdem immer noch in der Lage sind, sich Ihre Prioritäten selbst zu setzen. Und sei es auch nur für zehn Minuten am Tag.

Es ist wissenschaftlich nachgewiesen, dass Sie durch zehn Minuten Pause – wenn sie auf die richtige Art gestaltet werden – dieselbe Erholung erfahren können, als wenn Sie eine Stunde Mittagsschlaf halten.

Zeit investieren – Zeit gewinnen

Diese zehn Minuten sollten Sie sich regelmäßig gönnen, um ganz bewusst abzuschalten. Dafür stehen Ihnen viele verschiedene Möglichkeiten zur Verfügung. Sie können eine Entspannungsmethode anwenden, die Sie gelernt und konsequent eingeübt haben (s. Abschnitt „Aktiv entspannen für mehr Wohlbefinden", S. 77). Sie können sich genauso gut mit kleinen Sofortmaßnahmen behelfen, wie wir sie in diesem Kapitel näher beschreiben werden. Wichtig ist bei alledem nur, dass Sie es regelmäßig tun.

Wenn Sie Ihrem Stress ernsthaft begegnen wollen, und davon gehen wir aus, sollten Sie auch möglichst sofort damit beginnen.

Aufgabe: Auszeit nehmen

Nehmen Sie sich gleich heute zehn Minuten nur für sich allein und tun Sie in dieser Zeit etwas, das Ihnen gut tut, so dass Sie sich anschließend wohler und entspannter fühlen. Notieren Sie in Ihrem Buch, was Sie getan haben.

Nehmen Sie sich diese kleine Auszeit auch in den nächsten Tagen regelmäßig und halten Sie schriftlich fest, was Sie jeweils tun um sich zu entspannen.

Wichtig ist, dass Sie sich diese kleinen Pausen auch wirklich gönnen und nicht in Ihrem Innern mit sich selbst uneins sind. Natürlich hätten Sie in dieser Zeit das eine oder andere erledigen oder vorantreiben können, aber wenn Sie sich – mit gutem Gewissen! – kurz ausklinken, können Sie anschließend mit neuen Kräften umso effektiver weiter arbeiten.

Falls Sie befürchten, dass Sie die Pause aus Versehen zu lange ausdehnen und dadurch zu viel Zeit verlieren, versuchen Sie es einmal mit den folgenden Hilfestellungen:

- Sie stellen einen Kurzzeitwecker auf zehn bis zwölf Minuten ein.
- Wenn Sie Radio hören, können Sie beispielsweise die Werbeminuten vor den Nachrichten zum Entspannen nutzen und bei den Nachrichtenmeldungen wieder ins Tagbewusstsein zurückkehren.

- Am angenehmsten ist es, wenn Sie sich ein Musikstück aussuchen, das etwa die Länge der gewünschten Pause hat, und diesem zuhören können.

Das hätte den weiteren Vorteil, dass Ihr Unterbewusstsein sich an genau diese Musik gewöhnt und sie im Laufe der Zeit mit dem Gefühl von Pause und Entspannung verbindet. Dadurch intensiviert sich der gewünschte Effekt ganz von alleine.

Ihr Organismus nutzt und genießt diese kleine Pause, vor allem, wenn sie mitten im Arbeitstag stattfindet, und er wird es Ihnen mehr danken, als wenn Sie durchhalten und abends eine halbe Stunde früher mit der Arbeit aufhören.

Die richtige Balance

Vieles im Leben besteht in einer Dualität: Tag und Nacht, Theorie und Praxis, Winter und Sommer, Ebbe und Flut, Mann und Frau – jedes dieser Paare bildet ein Gleichgewicht, keiner der Pole kann auf Dauer ohne den anderen sein.

Ebenso verhält es sich auch mit den Polaritäten Beruf und Privatleben, Arbeit und Freizeit sowie Anspannung (Stress) und Entspannung. Auch hier muss ein Gleichgewicht geschaffen werden. Wir können nicht ständig unter Dauerstress leben; dafür ist unser Organismus nicht gerüstet. Gerät das Gleichgewicht so aus dem Lot, werden wir unausgeglichen oder krank. Genauso wenig kann jemand im Normalfall andauernd in der völligen Entspannung verweilen (außer vielleicht ein Yogi oder ein Erleuchteter ...). Dann fehlt der Reiz, die Aktivität, die Lebendigkeit. Die goldene Mitte heißt hier

„Balancing": bewusstes und gezieltes Hin-und-her-Pendeln zwischen den beiden Extremen.

Aufgabe: Wie oft entspannen Sie sich?

Erstellen Sie eine Tabelle „Beruf/Privatleben" und tragen Sie in beide Spalten ein, was Sie an einem normalen Tag/in einer normalen Woche erledigen (müssen) und wie viel Zeit Sie jeweils dafür investieren.

Sie können sich auch eine Woche lang beobachten und jeden Abend notieren, wie Sie den Tag zugebracht haben. Schreiben Sie genau auf, wie viel Zeit Sie sich für Dinge genommen haben, bei denen Sie sich erholen oder entspannen können.

Wahrscheinlich werden Sie feststellen, dass die Situationen, die mit Entspannung zu tun haben, einen verschwindend geringen Teil Ihres Tagesablaufs ausmachen. Dann sollten Sie dringend damit beginnen etwas für Ihr Wohlbefinden zu unternehmen.

Auf Warnsignale achten

Wenn Sie auf Dauer nur noch unter Stress stehen und kein inneres Gleichgewicht mehr finden oder herstellen können, ist Ihr Organismus eines Tages total überfordert. Viele überhören und übersehen schon die ersten kleinen Warnsignale: Nervosität, Schlafstörungen oder Verdauungsbeschwerden zeigen an, dass die Balance zwischen Anstrengung und Erholung nicht mehr stimmt.

Sie können dann einfach weiterleben wie bisher, vielleicht die Symptome mit irgendwelchen Medikamenten unter Kontrolle bringen. Doch dann machen Sie sich selbst etwas vor, denn Sie stellen ja dadurch noch keine Balance zwischen Anspannung und Entspannung her. Genau darauf aber käme es jetzt an.

Sehr wahrscheinlich wird Ihnen längst nicht alles zusagen, was wir Ihnen in den folgenden Kapiteln an Anregungen und Übungen vorstellen werden. Aber das ist ganz normal; jeder Mensch hat seinen eigenen Weg, mit Anspannungen umzugehen und sie wieder aufzulösen. Und so werden auch Sie mit der einen oder anderen Methode sehr gut zurechtkommen und mit anderen Ideen nichts anfangen können.

Experimentieren Sie ein wenig, probieren Sie aus, was Sie anspricht, und stellen Sie im Laufe der Zeit Ihr eigenes, ganz persönliches Repertoire an Entspannungsmöglichkeiten zusammen. Nur das, was Ihnen wirklich zusagt, werden Sie auch dauerhaft in Ihren Alltag integrieren.

Wenn Sie es wirklich schaffen, sich täglich zehn Minuten Zeit für Ihr inneres Wohlbefinden und die Erhaltung Ihrer Leistungsfähigkeit zu nehmen, werden Sie sehen, dass Sie dadurch im Endeffekt Zeit gewinnen: Sie werden wacher, mental belastbarer und insgesamt gelassener sein. Regelmäßiges bewusstes Entspannen kann wahre Wunder wirken. Wichtig ist, dass Sie damit anfangen – am besten gleich heute!

Körperlich gewappnet gegen Stress

Ein rücksichtsvoller Umgang mit dem Körper und seinen Bedürfnissen kann Stress zwar nicht beseitigen, vor allem nicht den Stress, der von außen kommt. Aber er trägt dazu bei, dass die inneren Anspannungen und die daraus resultierenden Beschwerden nicht plötzlich überhand nehmen. Solange Sie sich das notwendige Pensum an Schlaf gönnen, sich einigermaßen gesund ernähren und ab und zu ein wenig sportlich bewegen, schaffen Sie schon wichtige Voraussetzungen dafür, dass Ihr Organismus Sie auch bei kurzfristig stärkerer Beanspruchung nicht so schnell im Stich lässt.

Schlafen Sie sich fit!

Die einfachste Art sich zu entspannen ist der Schlaf. Wenn Sie morgens ausgeschlafen und erholt aufwachen, haben Sie die besten Voraussetzungen, Ihr Tagespensum in Gelassenheit zu meistern.

Ein gesunder und regelmäßiger Schlaf stärkt das Immunsystem und beugt der Anfälligkeit für Krankheiten vor, so dass Ihnen auch der tägliche Stress ein wenig leichter erscheint. Wenn Sie dagegen übernächtigt und unausgeschlafen in den Tag gehen, kommt Ihnen auch die kleinste Kleinigkeit schnell wie eine große und fast nicht zu bewältigende Belastung vor.

Aufgabe: Notieren Sie Ihre Schlafgewohnheiten

Beobachten Sie einmal eine Woche lang, wie viel Sie tatsächlich schlafen. Notieren Sie die Zeiten und stellen Sie auch fest, ob Sie sich jeweils ausgeschlafen und fit fühlen.

Wenn Sie eine akute Stressphase schnell und deutlich lindern wollen, kann es ein erster Schritt sein, dass Sie sich ab sofort die Zeit nehmen und abends etwa eine halbe bis ganze Stunde früher ins Bett gehen als gewöhnlich. Gönnen Sie sich diesen Luxus, auch wenn noch wichtige Arbeit auf Sie wartet. Ihr Organismus wird es Ihnen danken: Sie werden am nächsten Tag mit frischen Kräften an Ihre Aufgaben gehen können.

Falls Sie nicht sofort einschlafen können, sorgen Sie dafür, dass Sie nicht über Ihre Arbeit oder irgendwelche Probleme nachgrübeln. Lesen Sie ein spannendes Buch oder hören Sie sich schöne Musik an, aber legen Sie sich dazu ins Bett und machen Sie wirklich Feierabend.

Übrigens: Das Fernsehprogramm eignet sich ausgesprochen schlecht zum ruhigen, bewussten Entspannen, denn meistens lassen Sie sich nur berieseln, ohne selbst etwas wirklich aufzunehmen geschweige denn zu genießen. Hinzu kommt, dass die meisten abendlichen Unterhaltungssendungen weder entspannend noch sonderlich anspruchsvoll sind; die zahlreichen Werbeunterbrechungen sorgen überdies für noch mehr Reizüberflutung.

Bewegung ist das A und O

Was für den Schlaf gilt, gilt auch für das Thema Bewegung: Durch regelmäßiges Engagement in diesem Bereich können Sie den Stress schon spürbar lindern. Hand aufs Herz: Treiben Sie Sport? Wie oft? Wie gerne?

Es gibt zahlreiche Möglichkeiten, in Vereinen, Fitnessstudios, Volkshochschulen oder auch für sich alleine Sport zu treiben. Da ist mit Sicherheit für jeden Geschmack, Geldbeutel und

Zeitwunsch etwas dabei – vorausgesetzt, dieses Thema ist Ihnen wichtig genug.

Wahrscheinlich brauchen wir Ihnen nicht zu erzählen, welche gesundheitlichen Vorteile es hat, wenn Sie Ihren Körper durch Bewegung fit halten. Aber haben Sie auch schon einmal registriert, dass, während Sie Sport treiben, die Gedanken an Arbeit oder Stress plötzlich wie weggeblasen sind? Ihr Geist bekommt gewissermaßen eine Auszeit, während der er sich nicht mehr auf die Anstrengungen und Sorgen des Alltags konzentrieren kann – weil er sich immer nur mit einer Sache befasst. Versuchen Sie einmal an zwei verschiedene Dinge wirklich exakt gleichzeitig zu denken – das ist unmöglich! Sie schaffen es höchstens diese beiden Gedanken kurz hintereinander zu denken.

Und so ist Ihr Geist, während Sie Sport treiben, damit beschäftigt, Ihre Bewegungsabläufe zu koordinieren. Sie folgen den Anweisungen einer Übungsleiterin, zählen in Gedanken die Wiederholungen eines Bewegungsablaufs oder konzentrieren sich auf den Spielverlauf – und deshalb hat Ihr Geist in dieser Zeit keine Kapazitäten mehr frei, sich Sorgen zu machen oder an etwas Stressiges zu denken.

Lieber einen Spaziergang als noch einen Kaffee

Unter Sport treiben verstehen wir nicht zwangsläufig Leistungs- oder Mannschaftssport; im Grunde genügt es auch, wenn Sie regelmäßig eine halbe Stunde flott spazieren gehen. Solange der Körper in Bewegung ist, kann auch der Geist nicht einrosten oder sich auf ein Problem fixieren; durch die äußere Lebendigkeit kommt sogar oftmals auch Bewegung in festgefahrene Gedankenabläufe – ganz abgesehen davon, dass der Sauerstoff während dieser Zeit Ihre Gehirnzellen mit neuer Energie versorgt.

Wenn Sie sich abgespannt und erschöpft fühlen, probieren Sie die folgenden Anregungen einmal für sich aus:

- Machen Sie nach dem Mittagessen einen kurzen, möglichst flotten Spaziergang, statt in der Kantine in abgestandener Luft noch einen Kaffee zu trinken.
- Wenn Sie wütend sind und nicht so recht klar sehen, machen Sie einen kurzen Dauerlauf (10-15 Minuten).
- Tanzen Sie etwa zehn bis fünfzehn Minuten zu flotter Musik.
- Hüpfen Sie zehn Minuten lang Springseil.

Sie werden schnell feststellen, dass Sie sich anschließend viel wohler in Ihrer Haut fühlen: Sie spüren Ihren Körper stärker und dadurch ist die Balance Körper-Geist wieder ausgeglichener, die geistigen Anstrengungen bekommen automatisch weniger Gewicht – der Stress lässt spürbar nach!

Ernährungstipps

Um es vorab zu sagen: Die allgemeine Zauberformel gibt es nicht. Aber solange Sie sich gesund ernähren und Ihr Körper die Vitamine und Nährstoffe erhält, die er für eine optimale Funktion braucht, wird sich der Stress nicht so schnell auf Ihre Gesundheit auswirken.

Ernährungsspezialisten empfehlen grundsätzlich, in Stresszeiten öfter kleinere Mahlzeiten zu sich zu nehmen. Wer angespannt ist, hat entweder gar keinen Appetit und wird im Laufe der Zeit umso kraftloser, oder es entsteht ein plötzlicher Heißhunger, der dazu verführt, irgendetwas – meist ungesundes Fastfood – in sich hineinzuschlingen. Beiden Gefahren beugen Sie vor, wenn Sie mit kleinen Snacks den Energiepegel regelmäßig anheben. Wenn Sie tagsüber kleine Portionen essen, lässt auch das Hungergefühl nach und Sie sind deutlich weniger anfällig für plötzliche Gelüste.

Im Folgenden sehen Sie eine kleine Auswahl an wichtigen Nährstoffen, die dazu beitragen, dass Ihr Organismus den Stress besser verkraftet:

- **Kalium** fördert die geregelte Funktion der Nerven; es findet sich u. a. in Orangen, Aprikosen, Getreide, Nüssen, Gemüse, Geflügel, Milch und Käse.
- **B-Vitamine** unterstützen die Widerstandsfähigkeit gegen Angstzustände, Stimmungsschwankungen und Reizbarkeit; sie sind enthalten in Fisch, Avocados und Kartoffeln.
- **Vitamin B1** (Thiamin) vermindert Depressionen; es kommt vor in Reis, Bohnen, Sonnenblumenkernen und Getreide.

- **Magnesium** sorgt für den allgemeinen Schutz des Körpers vor Anspannung; es findet sich in Artischocken, Mangold, Spinat, Weizenkeimen, Sojabohnen, Bananen und Erdnüssen.

Vergessen Sie nicht, auch regelmäßig genügend zu trinken. Ernährungswissenschaftler fordern, jeden Tag mindestens zwei Liter Flüssigkeit zu sich zu nehmen. Vor allem Wasser und Fruchtsäfte unterstützen den Körper beim Stoffwechsel und sorgen dafür, dass organische (und oft auch geistige) Prozesse „im Fluss" bleiben.

Analytische und kreative Potenziale nutzen

Wenn Sie in Stress geraten, befinden Sie sich in einer Situation, die Ihre sämtlichen Energien erfordert. In solchen Situationen neigt der Organismus dazu, automatisch nur eine Gehirnhälfte zu nutzen, nämlich die linke. Diese hält sich gerne an vorgegebene Strukturen, sie arbeitet am liebsten linear, das heißt Schritt für Schritt und streng nach dem Prinzip von Ursache und Wirkung. Hier wird gerechnet, gelesen, gesprochen und analysiert.

Die rechte Gehirnhälfte dagegen ist der Sitz von Fantasie, Kreativität, Bildern, Gefühlen und Intuitionen. Viele Menschen haben es heute verlernt, auch diese Seite optimal zu nutzen. Doch erst, wenn beide Teile zusammenwirken, können Sie Ihre Kapazitäten voll und ganz ausschöpfen. Erst dann haben Sie die Möglichkeit, den anstrengenden Moment wirklich an der Wurzel aufzulösen und ihn nicht nur oberflächlich zu analysieren und durchzustehen.

Vom Alltagsdenken lösen

Zur Linderung von Anspannung und Stress ist es empfehlenswert, etwas zu unternehmen, damit die beiden Ebenen wieder miteinander ins Gleichgewicht kommen. Hier bieten wir Ihnen die folgenden Anregungen:

Aufgabe: Der perfekte Tag

Nehmen Sie sich zehn Minuten Zeit und stellen Sie sich vor, Sie könnten den morgigen Tag ganz für sich gestalten. Sie brauchen auf nichts und niemanden Rücksicht zu nehmen; Zeit, Geld, Arbeit und alle anderen Strukturen, in die Sie normalerweise eingebunden sind, spielen morgen keine Rolle – Sie alleine sind maßgeblich. Was wollen Sie gerne tun? Notieren Sie alles, was Ihnen dazu einfällt!

Lösen Sie sich von Ihrem Alltagsdenken und lassen Sie Ihrer Fantasie Flügel wachsen. Denken Sie an all die schönen, außergewöhnlichen, vielleicht sogar absurden oder verrückten Dinge, die Sie schon immer einmal tun wollten ...

Dieser Ausflug in die Fantasie stellt die Balance zwischen der „logischen" und der „emotionalen" Gehirnhälfte wieder her, und Sie können anschließend über Ihre geistigen Kapazitäten in vollem Umfang verfügen.

Die Thymusdrüse aktivieren

Einen ähnlichen Effekt bietet das leichte Klopfen der Thymusdrüse. Sie stellt als Hormonproduzentin eine Verbindung zwischen Körper und Geist her. Bei Stress und Anspannung zieht sie sich zusammen und stellt Ihre Tätigkeit ein. Durch leichtes Trommeln lässt sie sich wieder aktivieren und harmonisiert die beiden Gehirnhälften; anstrengende Gedanken und Gefühle werden neutralisiert.

Die Thymusdrüse befindet sich am Brustbein, etwa auf der Höhe der zweiten Rippe. Zum Aktivieren klopfen Sie mit den Fingerspitzen einer Hand ungefähr 12- bis 15-mal leicht auf diesen Punkt. Vielleicht werden Sie die Auswirkung nicht sofort überzeugend spüren. Und dennoch hilft dieses Vorgehen; es ist sanft, unauffällig und jederzeit anwendbar. Versuchen Sie es einfach!

Anti-Stress-Gymnastik

Eine dritte Variante liegt in der Koordination von Bewegungsabläufen. Die rechte Gehirnhälfte steht in Verbindung mit der linken Körperseite und umgekehrt. Sie können die beiden Bereiche harmonisieren, indem Sie beide Körperhälften einsetzen. So wirkt zum Beispiel eine Bewegung oder Bewegungsabfolge harmonisierend, bei der Sie abwechselnd rechte und linke Körperteile miteinander in Verbindung bringen.

Übung: Koordinierte Bewegungsabläufe

Fassen Sie mit der rechten Hand an die Nase und gleichzeitig mit der linken Hand an das rechte Ohr. Danach wird gewechselt: Linke Hand an die Nase und rechte Hand an das linke Ohr. Dabei sollte die Hand, die das Ohr berührt, immer vor der anderen Hand liegen. Wechseln Sie die Hände mit der Zeit immer schneller.

Auch das ist eine kleine Übung für zwischendurch, deren entspannende Wirkung auf den Organismus gar nicht hoch genug eingeschätzt werden kann. Experimentieren Sie einfach und sehen Sie selbst, welche Anregungen Ihnen den gewünschten entspannenden Erfolg bringen – und entwickeln Sie ruhig auch Ihre eigenen Ideen dazu!

Eine kleine Auszeit nehmen

Je hektischer und anstrengender es in der Außenwelt zugeht, umso wichtiger und erholsamer ist es, sich für ein paar Minuten in die Ruhe der Innenwelt zurückzuziehen. Wenn Sie die im Folgenden beschriebenen Methoden ausprobieren möchten, ist es wichtig und vorteilhaft, dass Sie zumindest für eine kleine Weile Ihre Ruhe haben, für sich sein und abschalten können.

Rückzug in die Stille

Einen kurzen Rückzug in die Innenwelt können Sie nach außen hin ganz unterschiedlich gestalten:

- Sie ziehen sich für zehn Minuten an einen Ort zurück, wo Sie ganz für sich sind. (Das kann zur Not auch die Bürotoilette sein – wichtig ist, dass Sie wirklich ungestört sind.) Dort können Sie kurz meditieren oder sich auf eine andere Art entspannen.
- Sie machen einen kleinen Spaziergang, am besten natürlich in der freien Natur.
- Sie hören ruhige Musik, möglichst mit Kopfhörer, so dass Sie gegen Geräusche von außen abgeschottet sind.
- Sie legen sich eine halbe Stunde lang in die Badewanne und genießen das Gefühl von Wärme, Entspannung und Getragenwerden.
- Sie setzen sich an einen ruhigen Platz, wo Sie ungestört sind, und geben sich einem schönen Tagtraum hin.

Ihrer Fantasie sind keine Grenzen gesetzt. Es kommt nur darauf an, dass Sie für jegliche Anforderungen von außen in dieser Zeitspanne tatsächlich nicht zur Verfügung stehen, das bedeutet zum Beispiel auch, dass Sie – falls möglich – das Telefon abschalten.

Ihre belastenden Gedanken und Sorgen dagegen lassen sich nicht so leicht abschalten – aber umschalten können Sie jederzeit. Beschäftigen Sie Ihren Geist mit angenehmen Dingen

(Musik, Träumereien...), und er wird – zumindest vorübergehend – keinen Raum mehr für Ärger und Stress haben.

Je öfter Sie ruhiger werden und alleine sein können, umso eher wird die innere Anspannung von selbst nachlassen und Ihre Fähigkeit zum klaren Denken und kreativen Handeln wird sich auf Dauer stabilisieren.

Das Geheimnis der Gummibärchen

Nun reicht es aber oftmals nicht aus, dass Sie sich einfach in einen ruhigen Winkel zurückziehen und versuchen still zu werden. Zuweilen gibt es Ärgernisse oder Belastungen, die Ihnen permanent durch den Kopf gehen und Sie gedanklich mit Beschlag belegen. Sie kommen einfach nicht los von der Auseinandersetzung mit der Kollegin, von dem Stapel Arbeit, der auf Ihrem Schreibtisch liegt, von dem Gespräch mit dem Chef oder von der wichtigen Konferenz, die Sie in der nächsten Woche leiten sollen.

Mit solch belastenden Gedanken ist es schwer, wenn nicht sogar unmöglich, innerlich zur Ruhe zu kommen und die kurze Pause wirklich als Entspannung zu empfinden. Wir schlagen Ihnen für solche und ähnlich gelagerte Fälle die folgende Übung vor:

Übung: Der Gummibärchen-Rahmen

Schließen Sie Ihre Augen und nehmen Sie drei tiefe Atemzüge. Dann stellen Sie sich einen schweren barocken Bilderrahmen vor, gold- oder silberfarben mit allerlei Schnörkeln und Verzierungen. In diesen Rahmen setzen Sie nun in Gedanken ein Bild von der Person oder ein Symbol für die Begebenheit, die Sie im Moment Ihre innere Ruhe kostet.

Vertiefen Sie sich in Gedanken in dieses Bild, bis Sie alle Einzelheiten klar und deutlich vor sich sehen, bis Sie glauben, das Bild wirklich vor sich zu haben und es greifen zu können.

Im nächsten Schritt verändern Sie den Rahmen: Er bekommt eine andere Farbe, wird nach und nach leichter, schmaler, zierlicher. Vielleicht möchten Sie auch die Ecken abrunden. Ändern Sie alles, was Ihnen zu schwer und zu wuchtig vorkommt. Und schließlich bekleben Sie den Rahmen in Ihrer Fantasie über und über mit bunten Gummibärchen.

Spätestens jetzt verliert die Person oder das Motiv in Ihrem Bilderrahmen an Brisanz. Es wird absurd, witzig, vielleicht sogar fröhlich aussehen, jedenfalls nichts Erschreckendes mehr haben; Sie können Ihre innere Anspannung immer mehr loslassen. Stellen Sie sich zum Beispiel einmal Ihren Vorgesetzten in einem pinkfarbenen, ovalen und mit Gummibärchen verzierten Bilderrahmen vor ...

Viele bunte Luftballons

Eine ähnliche Wirkung hat die folgende Übung mit den Luftballons:

Übung: Die Sorgen davonfliegen lassen

Schließen Sie Ihre Augen und nehmen Sie drei tiefe Atemzüge. Überlegen Sie kurz, was im Moment Ihr stärkster Stressauslöser ist, und fassen Sie diesen Zusammenhang in ein einziges Schlüsselwort (zum Beispiel „Konferenz" oder „Produktmailing"). Falls es sich um eine Person handelt, nehmen Sie ihren Namen als Stichwort.

Sie stellen sich vor, dass Sie dieses Wort in dunkler Farbe und eckiger, krakeliger Schrift auf eine kleine Tafel notieren. Dann beginnen Sie in Ihrer Vorstellung damit, diese Schrift in ihren Komponenten zu verändern. Die Buchstaben werden weich, pastellfarben, rund, anqenehm. Die Tafel wird fröhlich bunt, das Wort verliert mehr und mehr den Bezug zu seinem anstrengenden Inhalt. Zum Schluss hängen Sie an die kleine Tafel lauter bunte Luftballons und lassen sie damit einfach davonfliegen.

Wenn Sie möchten, kombinieren Sie die beiden Übungen miteinander, indem Sie den Bilderrahmen mit Luftballons bestücken und wegfliegen lassen. Nutzen Sie die Kraft Ihrer Fantasie! Und bauen Sie solche Anregungen ruhig auch nach Ihrem eigenen Empfinden weiter aus.

Diese Übungen helfen bei kleinen alltäglichen Ärgernissen, die einzeln erträglich sind, in der Summe aber häufig als starke Stressoren erlebt werden. Wenn eine Anforderung zur nächsten kommt, ist schon eine Kleinigkeit manchmal zu viel. Und in solchen Situationen können Sie mit diesen Ideen ansetzen und sich selbst darin unterstützen, wieder unbeschwerter und gelassener zu werden.

Vor dem Einschlafen: abladen

Besonders anstrengend ist die seelische Belastung durch Stress oft vor dem Einschlafen. Sie sind rechtschaffen müde, wollen und sollten dringend schlafen – aber es ist wie verhext: Sie wälzen sich von einer Seite auf die andere und werden immer nervöser. Auch hier gibt es ein paar Tricks, die Ihnen das Umschalten erleichtern.

Übung: Den Tag bewerten

Lassen Sie vor Ihrem inneren Auge den gesamten Tagesablauf noch einmal Revue passieren und vergeben Sie für den Gesamteindruck eine Note:
eine 1 für einen sehr gut gelungenen Tag,
eine 2 für einen gut gelungenen Tag,
eine 3 für einen neutralen Tag,
eine 4 für einen weniger gut gelungenen Tag.

Wenn Sie möchten, notieren Sie diese Bewertung in Ihrem Arbeitsbuch.

Dieses Vorgehen hat folgende Vorteile:

- Ihnen bleibt nicht als Letztes vom Tag eine belastende Situation im Gedächtnis, sondern Sie gehen den Ablauf als Ganzes noch einmal in Gedanken durch und erinnern sich dabei auch an schöne Ereignisse.
- Sie gehen mit einem viel angenehmeren Gefühl in den Schlaf („So schlimm, wie ich eben noch dachte, war der Tag ja doch nicht!") und können die negativen Erlebnisse leichter hinter sich lassen.
- Dann ist auch die nächtliche Erholung intensiver und nachhaltiger.

- Und außerdem sehen Sie wahrscheinlich im Laufe der Zeit anhand Ihrer Benotungen, dass Ihre Tage im Schnitt eigentlich ganz passabel sind.

Probleme wegpacken

Falls das allein nicht ausreicht, weil Sie gerade ein besonders belastendes Erlebnis hatten (oder Ihnen diese Anregung nicht gefällt), können Sie Folgendes versuchen:

Übung: Probleme in die Kiste packen

Schließen Sie Ihre Augen und nehmen Sie drei tiefe Atemzüge. Stellen Sie sich vor, neben Ihrem Bett steht eine große Kiste oder Truhe aus Holz. Sie öffnen langsam den Deckel und legen dann symbolisch all das hinein, was Sie belastet, zum Beispiel Ihr Lampenfieber vor der morgigen Verhandlung mit dem neuen Kunden, Ihre Angst, einen wichtigen Termin zu vergessen, oder die nötigen Unterlagen nicht zu finden usw. Alles, was Sie gedanklich belastet, wird dort schlafen gelegt.

Und wenn Sie am nächsten Morgen aufwachen werden, können Sie (in Gedanken) den Deckel wieder öffnen und sich Ihre Aufgaben herausholen. Vielleicht sind es weniger geworden, vielleicht mehr, vielleicht sind sie auch leichter geworden und weniger belastend – aber für die Dauer der Nacht waren sie erst einmal abgelegt und gut versorgt.

Vielleicht mag Ihnen das absurd vorkommen, aber die Wirkung wird Sie erstaunen. Das Unterbewusstsein denkt und erlebt sehr bildhaft. Sobald es nun durch die Vorstellung, etwas in die Kiste legen zu dürfen, das Gefühl bekommt, entlastet zu werden, braucht es sich nicht mehr mit den

Stressauslösern zu beschäftigen. Es kann die Verantwortung über Nacht ablegen, und Sie fühlen sich automatisch entspannter und freier.

Die Sorgen von der Seele schreiben

Denselben Effekt hat es, wenn Sie sich drückende Sorgen von der Seele schreiben.

Übung: Die Sorgen aufs Papier bannen

Legen Sie sich beim Einschlafen Papier und Stifte zurecht, und wenn Sie nicht schlafen können, notieren Sie einfach all die bedrückenden Gedanken, die Sie quälen. Stellen Sie sich vor, Sie schreiben einen Brief an sich selbst oder an die Person, die Sie in zwei Monaten sein werden. Teilen Sie sich offen mit, erzählen Sie von Ihren Sorgen und Kümmernissen. Sie können auch schlicht und einfach ein paar Stichworte notieren, die wichtigsten Gedanken festhalten und vielleicht ein wenig nach ihrer Bedeutung sortieren.

Sie werden sehen, dass schon das In-Worte-Fassen innerlich Erleichterung verschafft. Da steht dann schwarz auf weiß, was Sie belastet, ist jederzeit für Sie greifbar – und das Unterbewusste kann seine vermeintliche Aufgabe, Sie durch bedrückende Empfindungen daran zu erinnern, abgeben und loslassen.

Aus solchen Anregungen hat sich mein zwölfjähriger Sohn eine Variante gebastelt, mit deren Hilfe er sich beruhigen kann, wenn ihn etwas sehr wütend macht. Er stellt sich vor, dass er den Wutauslöser, wer oder was das auch immer sein mag, zusammenknüllt wie ein Blatt Papier und einen Ball daraus formt. Diesen knetet er in Gedanken noch eine kleine Weile mit seinen Händen so richtig rund und stellt sich dann vor, wie er ihn mit aller Kraft so weit fortschleudert, wie er es nur irgend kann.

In diesem Moment hat sich sein Unterbewusstsein bereits weit von dem Wutauslöser distanziert und es fällt ihm anschließend deutlich leichter, mit der Situation umzugehen.

Ein befreundeter Personalchef hat in seinem Arbeitszimmer eine Karte des Weltalls aufgehängt. Und wenn er das Gefühl hat, dass ihm eine schwere Aufgabe mehr an Kraft und Engagement abverlangt, als er im Moment einsetzen kann, dann betrachtet er diese Karte für eine kleine Weile. Dabei macht er sich bewusst, in welchem Verhältnis sein augenblicklicher hausgemachter Stress zu diesem unendlich gewaltigen Universum steht und welche Wichtigkeit diese Aufgabe im großen Gesamtgefüge letztendlich überhaupt noch hat.

Die Macht der Fantasie

Abgesehen von diesen und ähnlichen Soforthilfetechniken bietet Ihnen Ihre Fantasie jederzeit ein unerschöpfliches Reservoir an Möglichkeiten, auf das Sie allein Zugriff haben. Richten Sie sich „innere Tankstellen" ein, wo Sie immer wieder von neuem Kraft und Energie gewinnen und sich so richtig erholen können. So zum Beispiel mit unserem folgenden Vorschlag:

Übung: Fantasiereise

Schließen Sie Ihre Augen und nehmen Sie drei tiefe Atemzüge. Stellen Sie sich einen schönen Ort in der Natur vor, an dem Sie sich gerne aufhalten. Das kann ein Ort sein, den Sie bereits kennen, oder Sie erfinden ihn neu. Nehmen Sie den Zauber dieses Ortes mit all Ihren Sinnen wahr:

Sie **sehen**, was vor Ihrem inneren Auge entsteht: das bezaubernde Panorama, vielleicht eine bunte Blumenwiese, ein Wäldchen, ein Fluss, eine Bergkette im Hintergrund, die endlose Weite des Meeres usw.

Sie **hören** die verschiedenen Geräusche: das Plätschern eines Baches, den Wind in den Bäumen, vielleicht in der Ferne das Brummen von Motoren oder Stimmen von Menschen.

Sie **spüren**: Der Wind streicht sacht über Ihre Haut, die Sonnenstrahlen wärmen Sie, und Sie fühlen sich leicht und frei, vollkommen wohl.

Vielleicht gibt es auch einen **Duft**, der gerade in diese Landschaft passt, etwa nach Rosen, frisch gesägtem Holz oder Sommerwiesen und Sie **schmecken** die salzige Luft am Meer oder die eher kernige der Berge.

Mit einer solchen Fantasiereise können Sie sich jederzeit entspannen. Hier tanken Sie Ihre inneren Quellen auf, und je genauer Sie alle Details vor sich sehen und klar empfinden, umso tiefer lassen Sie sich auf Ihre Traumlandschaft ein, umso mehr ist Ihr Geist von den Erfordernissen des Alltags entfernt.

Dieser Abstand wird Ihnen sehr gut tun, und Sie werden merken, dass ein solcher „imaginärer Kurzurlaub" wirklich Erholungswert hat. Nutzen Sie hierfür auch möglichst alle Sinne; sie sind gleichzeitig ein Leitfaden, der Sie tief in Ihre Traumlandschaft hineinführt.

Sich auf die fünf Sinne konzentrieren

Sehen, Hören, Fühlen, Riechen und Schmecken sind die Stationen, die Sie auf Ihrer VAKOG-Reise als Anhaltspunkte besuchen können.

VAKOG steht für die Begriffe:

Visuell = Sehen,

Auditiv = Hören,

Kinästhetisch = Spüren,

Olfaktorisch = Riechen und

Gustatorisch = Schmecken.

Hier haben Sie beim Entspannen grundsätzlich zwei Möglichkeiten:

1 Sie konzentrieren sich auf das, was gerade ist; das heißt, Sie schließen Ihre Augen und nehmen mit all Ihren Sinnen wahr, was im Moment um Sie herum vor sich geht: Auf Ihrer inneren Leinwand sehen Sie das Bild, das sich Ihnen bietet, wenn Sie die Augen wieder öffnen werden. Sie hören die Geräusche der Autos auf der Straße oder entferntes Stimmengemurmel, spüren die Berührung der Kleidung auf Ihrer Haut, riechen den Duft von Kaffee, der aus der Kantine kommt, und schmecken vielleicht noch den letzten Bissen des Apfels, den Sie vorhin aßen.

2 Sie versetzen sich in eine Fantasiesituation und erleben dort all das, was Ihre Sinne Ihnen anbieten. Sie sehen, hören, fühlen, riechen und schmecken, was Sie wollen, was Ihnen gefällt und Sie entspannen lässt. Wichtig ist nur,

dass Sie sich jeweils so intensiv in diese Wahrnehmung hineindenken, dass Sie selbst schon fast nicht mehr wissen, ob das jetzt Realität oder Fantasie ist.

Eine solcherart aktiv gestaltete Traumreise ist noch um einiges wirkungsvoller als wenn Sie beispielsweise nur schöne Musik anhören. Denn dadurch, dass Sie sich bewusst etwas vorstellen, sind Ihre Gedanken mit einem angenehmen Thema beschäftigt und haben keinen Raum mehr, sich mit Stress auslösenden Faktoren zu befassen.

Nehmen Sie sich in Ihrem anstrengenden Alltag die Zeit kleine Pausen einzubauen und tun Sie das möglichst regelmäßig. Schon mit kleinen Soforthilfemaßnahmen können Sie sich spürbar Erleichterung verschaffen. Und je regelmäßiger Sie das tun, umso bereitwilliger wird Ihr Unterbewusstsein auf diese Hilfestellungen eingehen und sich daran gewöhnen.

Jeden Tag zehn Minuten wirklich loszulassen nützt Ihnen mehr als eine Stunde in der Woche. Schon mit kleinen Tricks können Sie sich wohltuend und rasch entspannen. Regelmäßige Entspannung baut Kraftreserven für anstrengende Zeiten auf!

Stressfaktoren gezielt abbauen

Wer oder was stresst Sie eigentlich? Sind es andere, ist es der dauernde Zeitmangel oder stimmt vielleicht bei Ihrer Selbstorganisation etwas nicht? Finden Sie in Ihrer persönlichen Anti-Stress-Strategie heraus, wo die „Feinde des effizienten Arbeitens" sitzen.

In diesem Kapitel erfahren Sie, wie Sie

- Aufgaben richtig planen und delegieren (S. 56),
- wieder mehr Spaß an der Arbeit haben (S. 67),
- mit nervenden Kollegen umgehen (S. 74).

Die Anti-Stress-Strategie anwenden

Wir kommen auf die vier Schritte der individuellen – langfristigen – Anti-Stress-Strategie zurück:

1 Persönliche Stressoren erkennen.
2 Äußere und innere Stressoren unterscheiden.
3 Äußere Stressoren durch verbesserte Selbstorganisation verringern.
4 Innere Stressoren durch aktive Entspannung eingrenzen.

Finden Sie Ihre persönlichen Stressfaktoren

Um gegen Ihre persönlichen Stressfaktoren angehen zu können, müssen Sie sie erst einmal kennen. Was den einen Menschen belastet, ist für einen anderen vielleicht normaler Alltag. Denken Sie zum Beispiel an das schöne Klischee vom genialen Künstler oder Wissenschaftler, der mitten in seinem Zimmer sitzt, um ihn herum Berge von Büchern, Unterlagen, Materialien, angefangenen Skizzen oder Aufsätzen, so dass er in dieser Unordnung kaum noch den Überblick behält, aber trotzdem seine Arbeit gut gelaunt und produktiv bewältigt.

Und so verschieden die Menschen eben sind, so unterschiedlich sind auch die Stressauslöser, auf die sie mit Anspannung reagieren. Wissen Sie denn auf Anhieb, wie Ihre persönlichen Stressoren aussehen? Von was lassen Sie sich aus der Ruhe bringen? Welche Ereignisse (oder Personen) kosten Sie Ihren „letzten Nerv"?

Aufgabe: Stressige Situationen zu Papier bringen

Nehmen Sie Ihre Liste vom Ende des ersten Kapitels noch einmal zur Hand (s. die Aufgabe S. 20) und ergänzen Sie sie durch Erlebnisse aus der letzten Zeit (Personen oder Gegebenheiten). Spüren Sie ihnen genau nach und seien Sie ehrlich, auch wenn Ihnen die Liste sehr lang vorkommt.

Ordnen Sie dann diese Punkte nach der Intensität der Anspannung, die Sie jeweils verspürten, so weit Sie es aus der Erinnerung noch nachvollziehen können.

Schreiben Sie im nächsten Durchgang so exakt wie möglich dahinter, was Sie gestresst hat und wie die Situation hätte entschärft werden können. Was hätte anders sein müssen, damit es Ihnen besser gegangen wäre? Wie hätte das aussehen können?

Eine solche Liste, bezogen auf einen gewöhnlichen Arbeitstag, kann zum Beispiel so aussehen:

- Sie sind am Morgen eine Viertelstunde zu spät von zu Hause losgefahren.
- Als Sie endlich im Büro ankamen, war Ihr Chef ärgerlich, weil ein wichtiger Brief noch nicht fertig war.
- Die Besprechung für das neue Projekt hat viel länger gedauert als ursprünglich geplant.
- Sie hatten kaum Zeit, um in Ruhe Mittag zu essen.
- Zu guter Letzt sind Sie auf dem Heimweg noch in einen Stau geraten.

Die Ursachen für den Stress erkennen

Am schlimmsten war in Ihrem Empfinden der Stau, gefolgt von der schier endlosen Besprechung, dem hastigen Mittagessen, der morgendlichen Verspätung und dem ärgerlichen Chef. Bei genauerem Hinsehen entdecken Sie vielleicht noch tiefer liegende Ursachen, die Ihr Stressgefühl auslösten: Im Stau fühlten Sie sich ungeduldig, weil Sie endlich nach Hause wollten, und außerdem machtlos, etwas an der Situation zu ändern. In der Besprechung und auch beim Mittagessen dachten Sie dauernd an den Aktenberg, der noch auf Ihrem Schreibtisch wartete und möglichst am selben Tag noch abgearbeitet werden sollte, die Verspätung am Morgen löste bei Ihnen ein schlechtes Gewissen aus und den Ärger Ihres Chefs haben Sie auf Ihre „Unzuverlässigkeit" bezogen.

Sie erkennen sicherlich, dass es hier rein äußerliche, konkrete Ursachen (Zeitmangel, Fehlorganisation etc.) und innere, eher abstrakte Auslöser (Unruhe, mangelndes Selbstvertrauen) für Ihren Stress gibt. Dagegen können Sie auf zwei Ebenen eingreifen:

- Zum einen durch verbesserte äußere Organisation, wie wir sie in diesem Abschnitt näher erläutern,
- zum anderen durch dauerhafte Stärkung Ihrer inneren Ruhe und Förderung Ihrer kreativen Potenziale (was Thema des vierten Abschnitts sein wird).

Die hier aufgeführten Probleme lassen sich folgendermaßen lösen:

- Stau: öffentliche Verkehrsmittel benutzen.
- Besprechung: neben dem Terminbeginn auch gleich dessen Ende mit den Kollegen absprechen.

- Mittagessen: sich die Zeit zum ruhigen Essen gönnen und auch konsequent nehmen.
- Verspätung: morgens zehn Minuten früher aufstehen und in Ruhe frühstücken.
- Chef: den noch nicht geschriebenen Brief, den er ärgerlich anmahnte, nicht als persönliches Versagen interpretieren.

Natürlich sind diese Vorschläge nicht immer und für jeden sinnvoll und praktikabel. Aber sie sollen aufzeigen, um was es hier geht:

> In dem Moment, wo Sie sich bewusst werden, von welchen Faktoren (Ereignissen oder Personen) Sie sich unter Druck setzen lassen, unternehmen Sie bereits den ersten Schritt zu deren Bewältigung.

Am besten wäre es, Sie beobachten sich eine Zeit lang und halten regelmäßig, zum Beispiel jeden Abend, fest, welche an diesem Tag die zwei oder drei intensivsten Stressfaktoren waren. So bekommen Sie recht schnell eine brauchbare Übersicht, anhand derer Sie dann die weiteren Schritte unternehmen können. Versuchen Sie auch jeweils, der Frage auf den Grund zu gehen, welches die eigentliche Ursache für das Angespanntsein war.

Wir beziehen uns hier in erster Linie auf den beruflichen Alltag. Sie können die Aufgaben und Übungen aber selbstverständlich später auch für Ihr Privatleben noch einmal aufgreifen und die genannten Aspekte durchdenken.

Zeit besser einteilen

Wenn Sie eine solche Liste aufgesetzt haben, stellen Sie sicherlich fest, dass bei vielen äußeren Stressoren der Faktor Zeit eine wichtige Rolle spielt. Mit mehr Zeit hätten sich auch die meisten Punkte aus unserem Beispiel wahrscheinlich nicht oder nicht so sehr belastend ausgewirkt. Es lohnt sich also, dem Faktor Zeit Aufmerksamkeit zu widmen:

Zeit ist die kostbarste Ressource in Ihrem Leben. Und jeder Tag bietet Ihnen viele Gelegenheiten, diese Zeit sinnvoll zu gestalten. Aber oftmals ist Ihnen das gar nicht bewusst. Sie fühlen sich eingespannt in äußere Abläufe und haben das Gefühl, Sie könnten nicht den geringsten Einfluss ausüben und seien dem Geschehen um Sie herum mehr oder weniger hilflos ausgeliefert.

Viel unnötiger Stress entsteht daraus, dass – anscheinend – immer wieder zu wenig Zeit vorhanden ist, um z. B.

- in Ruhe zu arbeiten,
- sich zwischendurch zu entspannen,
- wirklich alle Aufgaben zu erfüllen,
- die Zeit zum ruhigen Essen zu haben (oder sie sich zu nehmen),
- auf Unvorhergesehenes zu reagieren oder
- mit den Kollegen oder anderen Menschen freundliche Kontakte zu pflegen.

Aber „*es ist nicht wenig Zeit, die wir haben, sondern viel Zeit, die wir nicht nutzen*", meinte schon der römische Philosoph Seneca. Es kommt also darauf an, die Zeit deutlicher wahrzunehmen und besser zu nutzen.

Letztendlich haben Sie meistens viel mehr Einfluss auf Ihre Zeitplanung, als Ihnen das im Moment bewusst sein mag.

Von außen nach innen

Wenn Sie sich all dies klar machen und versuchen, Ihre Verpflichtungen besser zu organisieren, werden Sie erstaunt sein, dass sich nicht nur die äußeren Stressoren vermindern, sondern dass Sie automatisch auch innerlich ruhiger werden.

Vielleicht kennen Sie das erhebende Gefühl, wenn Sie einen „großen Brocken" Arbeit bewältigt haben, sei es zum Beispiel eine umfangreiche Werbesendung, einen wichtigen Bericht, ein entscheidendes Gespräch oder Ähnliches. In dem Moment, wo diese Aufgabe erledigt ist, macht sich auch in Ihrem Inneren ein Gefühl der Erleichterung und Entspannung breit.

Deshalb wird es auch Auswirkungen auf Ihr Innenleben haben, wenn Sie beginnen die Strukturen in Ihrem Alltag unter die Lupe zu nehmen und zu bereinigen. Und umgekehrt natürlich auch: Je ruhiger und leistungsfähiger Sie sich innerlich fühlen, umso klarer und machbarer werden Sie Ihre Aufgaben im äußeren Alltag erleben.

Differenzieren – planen – delegieren

Mit einer effektiven Zeit- und Arbeitsplanung werden Sie bald merken, wie sich Ihr Gefühl, unter Stress zu stehen, deutlich verringert. Voraussetzung ist allerdings, dass Sie sich immer wieder ein wenig Zeit nehmen um zu lernen, mit Ihrer Zeit und Ihrer Energie konsequent umzugehen.

Berufliches von Privatem trennen

Wenn es um die Trennung von Beruf und Privatleben geht, ist Disziplin und das Ziehen von klar definierten Grenzen wichtig. Überprüfen Sie einmal, ob Sie Beruf und Privatleben auseinanderhalten können. Nichts kostet mehr Zeit am Arbeitsplatz als dauernde Anrufe von Freunden, die „eben nur mal ein kleines Schwätzchen halten" wollen – und Sie damit immer wieder aus Ihrem Konzept bringen und von den wichtigen Aufgaben ablenken. Bis Sie wieder konzentriert weiterarbeiten können, ist wertvolle Arbeitszeit verloren.

Genauso wichtig ist es, nicht zu viel berufliche Sorgen und Anspannungen ins Privatleben mitzunehmen. Natürlich dürfen Sie Ihrem Partner von Ihrem Arbeitsalltag erzählen, aber Sie sollten darauf achten, dass dabei möglichst keine unbewältigten Emotionen transportiert werden.

Die Grenze ziehen mit Hilfe eines Rituals

Gerade in Zeiten hoher beruflicher Anspannung ist es eine große Hilfe, wenn Sie durch ein kleines „Ritual" eine sicht-

oder spürbare Barriere zwischen den Feierabend und das Heimkommen setzen können:

- Gehen Sie eine Viertelstunde spazieren, bevor Sie nach Hause kommen (oder auch gemeinsam mit dem Partner).
- Ziehen Sie sich als erstes für ein paar Minuten zurück und entspannen Sie sich ganz gezielt (zum Beispiel mit einer der Methoden, die wir Ihnen im nächsten Kapitel vorstellen werden).
- Trinken Sie (evtl. mit dem Partner) in Ruhe eine Tasse Tee oder Kaffee.
- Machen Sie sich dabei bewusst, dass Ihr Partner Ihnen zwar zuhört, aber dass er nicht für Ihre angespannte Stimmung verantwortlich ist, die Sie aus dem Büro mitbringen.

Wenn Sie dann das Wichtigste in Ruhe mitgeteilt haben, machen Sie sich auch wieder klar, dass der Feierabend und das Wochenende zur Erholung gedacht sind – halten Sie sich daran, denn diese Zeit haben Sie sich redlich verdient!

Einen Tagesplan erstellen

Ist Ihnen spontan klar, was am morgigen Tag auf Sie zukommt und was alles von Ihnen erwartet wird? Solange Sie in dem diffusen Gefühl verharren, dass die Zeit wahrscheinlich sowieso nicht für alles reicht, geraten Sie leicht unter Anspannung und werden unruhig. Wenn Sie dagegen eine klare Vorstellung von Art, Umfang und zeitlichem Anspruch der Arbeiten haben, wird es Ihnen deutlich leichter fallen, damit zurechtzukommen.

Ein befreundeter Manager hat es sich angewöhnt, jeden Morgen, während er mit seinem Hund eine Viertelstunde spazieren geht, diese Zeit zu nutzen und sich in Gedanken einen Plan für den vor ihm liegenden Tag zu machen: Er überlegt sich, was alles zu tun ist, und welches die wichtigsten und dringendsten Punkte sind. So kann er, wenn er später in sein Büro fährt, sofort und voller Elan mit den wichtigen Aufgaben beginnen.

In den meisten Fällen ist es zunächst sehr hilfreich, solch eine Planung oder Übersicht schriftlich anzufertigen: Sie ist greifbarer und kann leichter verändert, verbessert und ergänzt werden.

Überlegen Sie selbst einmal systematisch, welche Aufgaben konkret auf Sie zu kommen.

Aufgabe: Gewichten Sie, was zu tun ist

Nehmen Sie sich fünf Minuten Zeit und notieren Sie, was am nächsten Arbeitstag für Sie zu erledigen ist. Schreiben Sie alles auf, was Ihnen spontan einfällt.

Nun markieren Sie diese Punkte nach ihrer Wichtigkeit: Mit einer 1 bezeichnen Sie die Aufgaben, die auf jeden Fall erledigt werden sollten, weil sie entweder termingebunden oder sonst sehr dringlich sind. Eine 2 bekommen die übrigen wichtigen Angelegenheiten und mit 3 kennzeichnen Sie diejenigen Punkte, die Sie bei genauerem Überlegen noch in Ruhe aufschieben oder aber an andere Personen delegieren können.

Mit dieser Liste gehen Sie nun am nächsten Tag an die Arbeit und erledigen einen Punkt nach dem anderen.

Vorteile eines Tagesplans

- Sie sehen auf einen Blick, was alles am nächsten Tag auf Sie zukommt, und erleben keine negativen Überraschungen im Laufe des Tages („Daran hatte ich gar nicht mehr gedacht!").
- Sie erstellen eine Ordnung nach Wichtigkeit und können sich dann bei der Arbeit zunächst auf die wirklich dringenden Punkte konzentrieren.
- Der Aufgabenberg wird überschaubar und löst schon allein dadurch nicht mehr so viel Anspannung und so viele Ängste aus.
- Durch die Überlegungen, die Sie vorab anstellen, rückt die Möglichkeit das eine oder andere zu delegieren viel stärker in Ihr Bewusstsein, und Sie werden feststellen, dass sich solche Situationen dann auch leichter wie von selbst ergeben.
- Sie können die einzelnen Tätigkeiten nach ihrer Erledigung von der Liste streichen und haben so zusätzlich jeden Abend mindestens ein Erfolgsergebnis schwarz auf weiß vor Augen.
- Sie sehen deutlich, wie viel Sie eigentlich bewältigen können – und haben nicht mehr dauernd das Gefühl, es sei „doch wieder alles liegen geblieben".

Eine solche Liste kostet Sie am Vorabend oder gleich zu Beginn des Arbeitstages etwa fünf Minuten Zeit. Die Zeitersparnis auf der Gegenseite ist um ein Vielfaches größer.

Der Zeitgewinn ergibt sich durch die besser strukturierte Organisation einerseits und die deutlich höhere Motivation andererseits. Sobald Ihr Arbeitspensum überschaubar, gegliedert und nach Wichtigkeit der einzelnen Aufgaben sortiert ist, lässt es sich Stück für Stück angehen und erledigen – und zwar bedeutend leichter, als wenn ein diffuser Haufen an Einzeltätigkeiten auf Sie wartet und Sie sich womöglich mit unwichtigen Handgriffen viel zu lange aufhalten.

Tipps für die Bearbeitung Ihrer Aufgaben

Bedenken Sie bei der Planung und Ausführung der anstehenden Aufgaben auch die folgenden Aspekte:

- Wichtig ist, dass Sie die einzelnen Posten möglichst bis zu Ende bearbeiten. Eine Reihe von nur angefangenen, letztendlich unerledigten Vorgängen beschäftigt das Unterbewusstsein sehr und löst innere Unruhe aus. Erledigtes dagegen schenkt Ihnen ein Gefühl von Stolz, Zufriedenheit und innerer Ruhe. Also ist es besser, Sie führen drei Aufgaben bis zum Ende aus, als dass Sie zehn Aufgaben nur halb erledigen.
- Beachten Sie, wenn Sie den Arbeitsablauf detaillierter planen, auch Ihren persönlichen Biorhythmus: Manche Menschen sind am Morgen leistungsfähiger, andere am Nachmittag oder sogar erst abends. Sie wissen bestimmt, wann Ihre Kapazitäten am höchsten sind – bearbeiten Sie das Wichtigste genau in dieser Zeit, und Sie werden die besten Ergebnisse erreichen!

- Planen Sie sich auch einen Zeitpuffer für Unvorhersehbares mit ein. Wenn Sie Ihre zur Verfügung stehende Zeit bis in die letzte Minute mit Arbeit anfüllen, wird jede Kleinigkeit, die dazwischen kommt, Ihren Plan durcheinander bringen und Sie in Zeitdruck und Stress versetzen. Haben Sie dagegen einen gewissen Spielraum, so können sie ihn nutzen, um solche Vorkommnisse in Ruhe aufzufangen – oder aber, falls Sie diesen Spielraum nicht benötigen, um ein wenig vorauszuarbeiten und sich so Entlastung für den nächsten Tag zu schaffen.

Persönliche Ziele vor Augen

Indem Sie sich vor Arbeitsbeginn überlegen, welches die wichtigsten Punkte auf Ihrer neuen Liste sind, setzen Sie automatisch Schwerpunkte. An jedem Arbeitstag sollten Sie sich nicht mehr als zwei, höchstens drei Aufgaben mit der Wichtigkeit 1 markieren. Denn so viel können Sie immer erledigen, egal wie viel Sie sonst noch zu tun haben.

Bei der Einordnung in die verschiedenen Kategorien sollten Sie auch berücksichtigen, welche Tätigkeiten für Sie persönlich von Nutzen und Ihrer beruflichen oder menschlichen Entwicklung förderlich sind. Einen wichtigen Schriftsatz zu kopieren kann von Vorteil sein, wenn Sie diese Gelegenheit gleichzeitig dazu nutzen, einen Blick auf den interessanten Inhalt zu werfen und fachlich davon zu profitieren – allein, wenn es nur darum geht, einen Auftrag Ihres Vorgesetzten zu erledigen, ist dieser Vorgang die Zeit wahrscheinlich nicht wert, die Sie dafür am Kopierer verschwenden. Versuchen Sie möglichst, solche Dinge, die Sie nur unnötig Zeit kosten, zu delegieren.

> Bedenken Sie immer auch, welche Tätigkeiten für Sie, für Ihre Entwicklung und Ihre erfolgreiche Zukunft am wichtigsten sind, und handeln Sie entsprechend.

Dafür ist natürlich Voraussetzung, dass Sie überhaupt eine Vorstellung von Ihrer Zukunft haben.

Aufgabe: Wo sehen Sie sich in drei Jahren?

Nehmen Sie sich bei Gelegenheit eine halbe Stunde Zeit und fantasieren Sie drauflos: In welcher Umgebung, an was für einem Arbeitsplatz sehen Sie sich in drei Jahren? Wo möchten Sie dann sein?

Malen Sie sich diese Situation möglichst genau aus, und notieren Sie alle Einzelheiten, die Ihnen dazu einfallen: Wie sieht Ihr Büro aus? Welches sind Ihre Mitarbeiter? Was für Arbeitszeiten wünschen Sie sich? Möchten Sie für sich arbeiten oder lieber im Team? Welche technische Ausrüstung brauchen Sie dann, um effektiv zu sein? Wer kann Ihnen den alltäglichen Kleinkram vom Hals halten? Möchten Sie bei Ihrer Arbeit auch reisen oder den Arbeitsort wechseln, oder ist es Ihnen lieber, immer im gleichen Haus, in der gleichen Stadt zu sein? Ihrer Fantasie sind hier keine Grenzen gesetzt!

Geeignete Techniken, wie man Prioritäten und die eigene berufliche Zukunft gezielt planen kann, finden Sie übrigens im TaschenGuide „Selbstmanagement".

Sobald Sie ein exaktes Bild von Ihrer Wunschvorstellung haben, lässt es sich viel leichter und effektiver darauf hinarbeiten – wie sollten Sie denn auch mit Vollgas fahren, wenn Sie nicht einmal wissen wohin! So aber setzen Sie mit der Zeit

Ihre täglichen Arbeitsschwerpunkte in Bezug zu Ihrer Zukunftsvision. Überlegen Sie sich dazu, wenn Sie die Liste für den kommenden Arbeitstag vorbereiten:

- Inwiefern nützt diese oder jene Tätigkeit meiner persönlichen Entwicklung?
- Bringt sie mich meinen Zielen eher näher oder entfernt sie mich von ihnen?
- Habe ich einen Vorteil, wenn ich das selbst erledige, oder kann ich den Vorgang genauso gut delegieren?

Durch diese Gedanken konzentrieren Sie Ihre Energien immer mehr auf das Wesentliche. Sie haben Ihre Ziele klar im Blick und merken auch, wie Sie ihnen Stück für Stück immer näher kommen.

Beispiel: Der Wechsel in eine andere Abteilung

Sie arbeiten in einer größeren Firma und möchten gerne in eine andere Abteilung wechseln. Wenn Ihnen das als Ihr Ziel klar geworden ist, können Sie Ihre Arbeitskraft darauf verwenden, diejenigen Vorgänge besonders gut, schnell und zuverlässig zu erledigen, die mit dieser anderen Abteilung zu tun haben. Denken Sie über den eigenen Tellerrand bzw. Schreibtisch hinaus: Was von Ihrer Arbeit könnte für die anderen Mitarbeiter dort hilfreich sein? Womit können Sie Ihr Interesse und Verständnis der Arbeitsvorgänge demonstrieren? Gibt es schon jetzt eine Möglichkeit, Ihre Fachkenntnisse dort zu integrieren?

Vielleicht möchten Sie ja auch gerne an Ihrem derzeitigen Arbeitsplatz bleiben, vorausgesetzt, der Stress lässt deutlich nach. In diesem Fall malen Sie sich vor Ihrem inneren Auge ein Bild aus, das Sie ruhig, gelassen und fröhlich bei Ihrer Arbeit zeigt. Das ist Ihre Zielvorstellung, auf die Sie hinarbeiten wollen. Und Sie werden feststellen: Sobald das für Sie klar ist, wird es wie von selbst besser werden.

> Sie setzen Ihre Arbeitskraft nicht mehr in erster Linie für Ihren Chef oder für die Produktivität der Firma ein, sondern dafür, dass es Ihnen an Ihrer Stelle immer besser geht.

In diesem Moment werden Sie Ihren Einsatz für Ihre eigenen Zwecke („weniger Stress") ganz von alleine als viel angenehmer empfinden, denn es geht ja um Ihre eigene Zukunft! Und indem Sie so zielorientierter und gleichzeitig konzentrierter arbeiten, erhöhen Sie ganz automatisch Ihre fachliche Kompetenz und zeigen, dass Sie als Mitarbeiter flexibel und lernfähig sind.

Zeit gewinnen durch Delegieren

Die Technik des Vorausplanens hat noch einen weiteren, ganz handgreiflichen Vorteil: Sie haben ja bei der Bewertung der Wichtigkeit die einzelnen Arbeitsvorgänge in verschiedene Kategorien unterteilt: Die extrem wichtigen, die weniger wichtigen und diejenigen, die ruhig noch etwas liegenbleiben bzw. die Sie beruhigt an andere delegieren können, ohne dass das Ergebnis und der Fortgang der Arbeit darunter leiden.

Die letzte Kategorie fordert Sie vielleicht heraus: Können Sie überhaupt delegieren? Oder sind Sie ein Mensch, der die Dinge am besten selbst erledigt, weil er dann wenigstens sicher sein kann, dass alles in Ordnung ist? Dann brauchen Sie sich nicht zu wundern, dass Sie sich gestresst fühlen!

In dem Moment jedoch, wo Sie es schaffen gewisse Aufgaben an andere zu delegieren – oder gar liegen zu lassen –, haben Sie einen klaren Zeitgewinn! Und diese Zeit können Sie als wichtigen Freiraum nutzen, um Ihre sonstigen Aufgaben in

Ruhe zu erledigen. Wenn Sie aus der Liste Ihrer Anforderungen etwa zehn bis zwanzig Prozent eliminieren, werden Sie sich wundern, wie viel Zeit da plötzlich zur Verfügung steht – für das Wesentliche!

Manches kann sich auch von alleine erledigen, wenn Sie sich nicht darum kümmern: Vielleicht stellt sich heraus, dass es gar nicht so wichtig war, wie Sie angenommen hatten, oder ein Kollege erledigt es oder Sie haben einige Tage später mehr Zeit dafür und lösen diese Aufgabe dann mit viel größerer Leichtigkeit.

Denken Sie ruhig auch ab und zu darüber nach, ob Sie nicht die eine oder andere Technik bei einem Kollegen abschauen können. Beobachten Sie einmal, welche Vorgänge in Ihrer Umgebung zügig und effektiv ablaufen, und vielleicht erkennen Sie ja dahinter ein bestimmtes Prinzip, das sich auf Ihren Arbeitsbereich übertragen lässt. Gleichzeitig schulen Sie Ihre Beobachtungsgabe, Ihren „Adlerblick" für das Wesentliche, und Ihre Kreativität, wenn es darum geht etwas Bewährtes sinnvoll umzugestalten.

Kopieren Sie, wo es sich für Sie lohnt – und arbeiten Sie dort intensiver, wo Ihre persönlichen Stärken liegen, wo Sie anerkannt werden. (Dort werden Sie in der Regel auch am besten bezahlt.) Delegieren Sie, was Sie nicht gerne tun: Wenn Sie beispielsweise einen gut dotierten Job im Büro haben, können Sie es sich ohne weiteres leisten, für einen geringeren Stundenlohn jemanden zu beschäftigen, der Ihnen im Haushalt Tätigkeiten wie Rasenmähen oder Putzen abnimmt. Vielleicht können Sie auch für Routinetätigkeiten im Büro

(Post wegbringen, Kopien anfertigen, Werbesendungen kuvertieren usw.) stundenweise einen interessierten Schüler oder Studenten einstellen. Sie gewinnen durch solche Initiativen deutlich Zeit und schonen Ihre Nerven.

Aufgabe: Ihre Stärken und Schwächen erkennen

Überlegen Sie, in welchen Bereichen Ihre Stärken liegen: Was tun Sie wirklich gerne? Was können Sie wirklich gut?

Was tun Sie dagegen nicht gerne? Welche Tätigkeiten würden Sie am liebsten dauerhaft delegieren (im Beruf, aber auch im Privatleben)? Wo sehen Sie entsprechende Möglichkeiten?

Indem Sie lernen zu delegieren, beschäftigen Sie sich auch automatisch mit Ihren Verpflichtungen: Was müssen Sie wirklich selbst erledigen? Und es wird Ihnen immer klarer:

> Je weniger (äußere oder innere) Verpflichtungen Sie haben, umso mehr Zeit können Sie in Wichtiges investieren, umso mehr innere Ruhe werden Sie verspüren.

Deshalb lohnt es sich an dieser Stelle auch einmal zu überprüfen, welche konkreten dauerhaften Verpflichtungen Ihrerseits überhaupt bestehen.

Aufgabe: Nach Möglichkeit delegieren

Notieren Sie alles, was Sie regelmäßig tun, wozu Sie sich äußerlich konkret verpflichtet haben oder sich auch nur innerlich verpflichtet fühlen: angefangen vom Engagement im Elternbeirat über den wöchentlichen Großeinkauf mit Ihrem Partner, die „Taxifahrten" für die Kinder, das Engagement im Betriebsrat bis hin zum Pflichtbesuch bei den Schwiegereltern.

Und dann überprüfen Sie, was Sie von diesen Punkten wirklich gerne tun und was Sie delegieren bzw. sogar ganz streichen können.

Eine klare (Ziel-)Vorstellung von Ihren beruflichen Aufgaben und Ihren sonstigen Lebensschwerpunkten und die Konzentration auf das Wesentliche helfen Ihnen, vom Dauerstress zu einem zügigen, effektiven und ruhigeren Arbeitsstil zu gelangen.

Spaß an der Arbeit

Wenn Sie etwas gerne tun, werden Sie sicher nicht so schnell von Stress reden, als wenn Ihnen eine Tätigkeit zuwider ist. Also wäre es ein ganz einfaches Rezept, alle Ihre Aufgaben gerne zu erledigen – nur: Wie gelangen Sie zu einer solch positiven Arbeitseinstellung? Die ersten beiden Schritte haben wir Ihnen schon vorgestellt: Befreien Sie sich von den weniger wichtigen Verpflichtungen, um Zeit für das Wesentliche zu gewinnen, und achten Sie auf Ihre persönlichen Ziele, für die sich der Einsatz wirklich lohnt.

Vorausdenken statt Nach-Denken

Als Nächstes können Sie dazu übergehen, Ihre Arbeiten nicht nur dann zu erledigen, wenn sie sowieso getan werden müssen, sondern Sie versuchen, den äußeren Anforderungen immer einen kleinen Schritt vorauszusein. So können Sie in Ruhe planen; Sie geraten nicht so leicht unter Druck und haben immer noch einen kleinen Zeitpuffer in Reserve.

Auf diese Art lassen sich auch innere Widerstände leicht abbauen: Sie *müssen* nicht dieses oder jenes erledigen, weil die Zeit drängt, sondern Sie tun es freiwillig (und gerne?) heute, gerade damit Sie morgen nicht die Zeit dazu drängt. Morgen werden Sie dann frei von dieser Aufgabe sein – und die Zeit und den Raum für weitere Vorausarbeiten haben.

Vorausdenken und vorausarbeiten hat eine ganze Reihe überzeugender Vorteile:

- Sie sind den tatsächlichen Arbeitsanforderungen immer einen kleinen Schritt voraus.
- Im Ernstfall haben Sie einen Zeitpuffer zur Verfügung, mit dessen Hilfe Sie Unvorhergesehenes auffangen können.
- Sie verschwenden Ihre Kräfte nicht mehr an das „Arbeiten-Müssen", sondern Sie nutzen sie, um intelligent und vorausplanend arbeiten zu können.
- Je genauer Sie vorausplanen, umso seltener werden Sie Überraschungen erleben, die Sie im Arbeitsablauf aufhalten oder behindern.
- Sie sind auch auf eventuelle Störungen gefasst und darauf vorbereitet, die nötige Zeit zur Lösung zu investieren.
- So entwickeln Sie ein Gefühl von Freiwilligkeit und Leichtigkeit, Sie haben Ihr Arbeitspensum im Griff – und nicht umgekehrt!

Es ist also besser und leichter, die Arbeit freiwillig vorab zu tun, als durch die äußeren Umstände dazu gezwungen zu werden. Vor allem, wenn es nicht nur um die täglichen Routinetätigkeiten geht, sondern wenn wichtige Entscheidungen zu treffen sind, ist ein stressfreier Zustand die beste Voraussetzung.

Je größer die Aufgaben sind, die es zu bewältigen gilt umso elementarer ist es, dass Sie die innere Ruhe haben, in aller Gelassenheit zu entscheiden und zu handeln. Beschlüsse, die unter Stress und Zeitdruck gefasst werden, sind oft falsch oder ziehen Umwege und andere anstrengende Konsequenzen nach sich. Wenn Sie dagegen in Ruhe nachdenken und entscheiden können, haben Sie damit oft bereits den ersten und wichtigsten Schritt zur Lösung eines Problems getan.

Das Pareto-Prinzip

Indem Sie erst einmal die Menge Ihrer Aufgaben auf das Wesentliche beschränken und sich dann im Voraus die Zeit einteilen, um in Ruhe zu planen und zu arbeiten, gelangen Sie langsam aber sicher von der Quantität zu mehr Qualität. Diese Qualität können Sie leisten, wenn sich gleichzeitig die innere Ausgeglichenheit einstellt. Das Ziel ist letztendlich, Ihre Arbeit so gut einzuteilen und zu bewältigen, dass sie für Sie nur noch mit einem Minimum an Anstrengung verbunden ist das macht entspanntes Arbeiten möglich

Im nächsten Schritt nach der Einteilung der zur Verfügung stehenden Arbeitszeit geht es darum, die notwendigen Tätigkeiten gleichzeitig auch noch effektiv zu erledigen, also mit möglichst wenig Aufwand möglichst viel zu erreichen. Beobachten Sie einmal bei einer Ihrer Routinetätigkeiten, wie hoch Ihr Einsatz ist und wie hoch der Ertrag, der dabei herauskommt.

Nehmen Sie an, Sie wollen ein gewisses Pensum an Arbeit in einer bestimmten Zeit erledigen, zum Beispiel 100 Kundenbriefe in einer Stunde schreiben. Mit normalem Einsatz halten sich Aufwand und Ertrag mit einem Verhältnis von 50 zu 50 die Waage: Sie investieren die nötige Zeit und erhalten das angestrebte Ergebnis. Wenn Sie in einem neuen Bereich arbeiten, ist dieses Verhältnis oft verschoben: Sie beginnen mit höherem Aufwand (80) und geringerem Ergebnis (20). Nach einer Weile haben Sie vieles erfahren, durch Beobachtung dazugelernt und sich verbessert: Sie erreichen ein Verhältnis von 60 (Aufwand) zu 40 (Ertrag), durch weiter Verbesserungen schließlich das ausgeglichene Verhältnis von 50 zu 50.

Ab hier wird das Projekt lohnenswert: Wenn Sie es schaffen, sich weiter zu verbessern, machen Sie die anfängliche Investition Ihrer Zeit, Geduld, Arbeit und Energie wieder wett und erreichen mit 40 % Aufwand 60 % Ertrag. Sie wissen jetzt, worauf es ankommt, lernen und fragen weiter, verändern oder rationalisieren – und eines Tages stehen Sie dann schließlich bei 20 % Einsatz zu 80 % Ertrag.

Dieses Prinzip ist eine kleine Steigerung des sogenannten Pareto-Prinzips, das nach seinem Erfinder, dem Volkswirtschaftler Vilfredo Pareto, benannt ist. Bei den allermeisten Tätigkeiten, so hat dieser ausgerechnet, ist es möglich, mit Kreativität, etwas Erfolg und konsequenter Erfolgsauswertung einen hohen Ertrag herauszuholen. Eine wichtige Rolle spielt dabei zum einen die Konzentration auf das Wesentliche, zum anderen die innere Ausgeglichenheit und das Arbeiten im angenehmen Zeitrahmen, also möglichst ohne Zeitdruck und Stress.

Und wenn Sie dieses Verhältnis von 20 % Einsatz zu 80 % Ergebnis eines schönen Tages erreicht haben, können Sie sich zufrieden zurücklehnen und Ihren Erfolg (und Ihre Arbeit) genießen.

Vom Beruf zur Berufung

Eine solch kreative und effektive Arbeitsweise lässt sich umso leichter entwickeln und fördern, je lieber Sie Ihre Arbeit tun. Deshalb sollten Sie immer wieder einmal in Ihrem beruflichen Alltag innehalten und nachspüren, ob Ihre Tätigkeit Sie wirklich erfüllt.

Auf diese Frage gibt es drei mögliche Antworten:

- Ihre Arbeit ist erfüllend und befriedigend, Sie fühlen sich am rechten Platz und sind auf dem besten Weg, sich hier auch noch Erfolg versprechend für die nötige stressfreie Atmosphäre einzusetzen.
- Ihre Arbeit ist unbefriedigend, und Sie bemühen sich darum, eine Tätigkeit zu finden, die Ihnen mehr Spaß macht und in der Sie sich eher wiederfinden.
- Ihre Arbeit ist unbefriedigend, Sie sehen aber derzeit keine Möglichkeit, daran etwas zu ändern. Ihnen bleibt nur, neben der Arbeit ein Hobby zu pflegen, wo Sie Ihre Kreativität und Lebensfreude spüren und pflegen können.

Wichtig ist, dass Sie etwas tun, das für Sie gleichzeitig als Kraftquelle fungieren kann. Im besten Fall ist das Ihr Beruf, wenn Sie dort ohne Stress und übermäßigen Zeitdruck, dafür aber mit Kreativität und Freude tätig sein können. Andernfalls kann auch ein Hobby diesen Zweck der Energietankstelle erfüllen. Mittelfristig sollten Sie aber danach streben, Ihr Geld auf jeden Fall mit einer Beschäftigung zu verdienen, mit der Sie sich weitgehend identifizieren und wohl fühlen können.

Aufgabe: Energietankstellen finden

Denken Sie einmal zurück und überlegen Sie, welche Tätigkeiten, Kontakte und Umstände in Ihrem bisherigen Leben motivierende Wirkung hatten.
Welche Personen oder Ereignisse in Ihrem bisherigen Leben haben Sie spürbar vorangebracht?
Was hat Ihnen bislang am meisten Spaß gemacht?
Wo hatten Sie das Gefühl, zur richtigen Zeit genau am richtigen Platz zu sein?

Notieren Sie, was Ihnen dazu einfällt, und sehen Sie sich diese Liste immer wieder an. Welche von diesen Tätigkeiten führen Sie heute noch aus? Haben Sie eine davon zu Ihrem Beruf gemacht? Falls nicht, dann wenigstens zu einem Hobby, das Sie aktiv und regelmäßig betreiben?

Wichtig ist, dass Sie neben Ihrem Beruf und Ihrer Arbeit noch Zeit und Raum für Freizeit haben. Vielleicht ist ja auch unter Ihren Hobbys eines, das Sie mit etwas Engagement zum Beruf – zur Berufung – umgestalten können! Betrachten Sie solche Wunschziele als Motivation die Dinge, mit denen Sie unzufrieden sind, zu verändern.

Je engagierter und motivierter Sie arbeiten, umso bessere Ergebnisse werden Sie erreichen. Und je mehr Sie selbst entscheiden können, umso ruhiger und entspannter können Sie innerlich sein.

Zauberwort „Balancing"

Einer der wichtigsten Punkte bei der Bewältigung von Stress ist das Finden der goldenen Mitte, das Balancing. Spannungen und Stress entstehen häufig, wenn Sie den notwendigen Ausgleich nicht berücksichtigen und das Balancing vernachlässigen.

Unbewusst pendeln die Menschen u. a. ständig hin und her zwischen

Beruf	und	Privatleben,
Anspannung	und	Entspannung,
Außenwelt	und	Innenwelt,
Wille	und	Gefühl,
männlichen	und	weiblichen Eigenschaften,
Geldausgang	und	Geldeingang,
Reden	und	Zuhören,
Handeln	und	Ruhen,
Engagement	und	innerem Abstand,
Ehrgeiz	und	Geduld.

Diese Gegensätze sind nichts Festes; sie sind ständig in Bewegung. In einer Firma tritt das Balancing zum Beispiel im Zusammenspiel zwischen Außen- und Innendienst auf: Beide müssen im gleichen Maße vorhanden sein und gepflegt werden; einer kann ohne den anderen dauerhaft nicht existieren. Denken Sie z. B. an einen Handwerksbetrieb, in dem die Ehefrau zu Hause das Telefon betreut, die Buchhaltung und den Schriftverkehr erledigt und so den Bemühungen Ihres Mannes draußen beim Kunden den notwendigen Hintergrund gewährleistet.

Versuchen Sie solche Gegensätze, wie sie in der Liste aufgeführt sind, im Laufe Ihres Lebens immer wieder zu berücksichtigen und in ein harmonisch wechselndes Gleichgewicht zu bringen. Wenn eine Seite dauernd die Überhand behält, führt dies mit der Zeit zu einer Störung im Gesamtgefüge.

> Durch rechtzeitiges Balancing besiegen Sie nicht nur gegenwärtigen Stress, sondern vermeiden auch künftige Anspannungen.

Wenn die Kollegen stressen

Genauso wichtig, wie innerlich gelassen und gefasst auf Stresssituationen zu reagieren, ist es, dass Sie sich am Arbeitsplatz nicht von Kollegen unter Druck setzen lassen. Gerade hier sind viele Menschen sehr empfindlich. Die Angst nicht anerkannt zu werden, nicht genügend zu leisten oder im Vergleich mit den anderen schlechter dazustehen, löst oftmals Konkurrenzkampf oder gar das viel zitierte Mobbing aus.

Am einfachsten – und gleichzeitig am schwersten – ist es, dieses Spiel gar nicht erst mitzuspielen: Versuchen Sie auch mit den Menschen zurechtzukommen, die Ihnen nicht wohl gesonnen sind, und sie zu akzeptieren – letztendlich sind Sie ja nicht davon abhängig, dass alle anderen Sie mögen.

Machen Sie sich vor allen Dingen klar, dass an der gereizten oder überheblichen Haltung Ihres Kollegen gar nicht ein

Fehlverhalten Ihrerseits Schuld haben muss. Vielleicht hat Ihr Kollege gerade privaten Ärger, musste zu einem unangenehmen Gespräch mit Ihrem Chef oder steht selbst unter starkem Zeitdruck.

Nehmen Sie nicht immer alles persönlich! Oft entpuppen sich vermeintliche Vorwürfe als subjektive Meinungen.

Vielleicht sprechen Sie diesen Kollegen einfach einmal an, möglicherweise klärt sich die ganze Situation schon durch ein kurzes, freundliches Gespräch. Packen Sie das Problem beim Schopf, bevor es sich zu einer düsteren Wolke verdichtet, die Ihren gesamten Arbeitsalltag verdunkelt.

Denken Sie positiv und flexibel: Betrachten Sie nervende Mitmenschen nicht als unausweichlichen Stress, sondern als eine Herausforderung, an der Sie lernen können Ihre persönlichen Grenzen zu erkennen und zu wahren. Sagen Sie klar und höflich, wenn Ihnen jemand gerade ungelegen kommt, bündeln Sie Ihre Energien auf das Wesentliche und seien Sie sich bewusst, was Ihnen am wichtigsten ist: Ihre innere Ausgeglichenheit und Ihr persönliches Wohlergehen.

Wenn Sie jemand kritisiert, muss das nicht unbedingt zu Recht sein. Andere Leute haben auch Probleme. Wenn Sie das immer im Hinterkopf behalten, werden Sie großzügiger und gelassener mit Ihrem Gegenüber umgehen können. Atmen Sie erst einmal durch, damit Sie auch in schwierigen Situationen gut reagieren können.

Wie Sie drohenden Konflikten vorbeugen, sich in schon ausgebrochenen Konflikten am besten verhalten und sie schließlich konstruktiv lösen können, können Sie im TaschenGuide „Konflikte im Beruf" nachlesen.

Aktiv entspannen für mehr Wohlbefinden

Gezielte Techniken helfen bei akutem Stress – aber um sich auch langfristig vom Stress zu verabschieden, muss man schon etwas tiefer in die Schatztruhe der Entspannungstechniken greifen. Welche ist wofür gut und wo erlernt man sie am besten?

In diesem Kapitel lernen Sie nach einer Einführung in die Vorteile methodischer Entspannung (S. 78) einige erprobte Entspannungsmethoden kennen:

- Meditation (S. 83),
- progressive Muskelentspannung nach Jacobson (S. 95),
- Autogenes Training (S. 100),
- Yoga (S. 108),
- mentales Training (S. 115).

Was bieten Entspannungsmethoden?

Bewusste Entspannung für Körper, Geist und Seele hat schon auf den ersten Blick zwei Vorteile:

- Sie dient als Ausgleich für den oftmals hektischen und stressbeladenen Alltag.
- Sie ist wiederum die beste Voraussetzung für konzentriertes, effektives Arbeiten.

Vielleicht kennen Sie bereits, zumindest vom Hörensagen, die eine oder andere Entspannungsmethode, sei es Meditation, autogenes Training, progressive Muskelentspannung, Yoga oder katatymes Bilderleben. Welche davon eignet sich nun speziell für Ihre Bedürfnisse? Der einfachste und wichtigste Grundsatz ist hier:

> Die Methode, die Ihnen am sympathischsten ist, wird für Sie auch die erfolgversprechendste und wirksamste sein.

Vorteile von methodischem Entspannen

Wenn Sie eine Entspannungsmethode praktizieren, so bedeutet das im Gegensatz zu unseren Schnellhilfetechniken, dass Sie sich

- intensiver,
- regelmäßiger und
- langfristiger

mit dieser Art Stress zu bewältigen auseinandersetzen. Im Idealfall wird die Entspannung zu einem festen Bestandteil Ihres Tagesablaufs, fast wie ein kleines Ritual.

Je öfter Sie sich auf dieselbe Art entspannen, umso mehr stellt sich Ihr Organismus und vor allem Ihr Unterbewusstsein darauf ein. Die Entspannungsreaktion wird im Inneren gleichsam „geankert" und mit der Zeit immer schneller wachgerufen.

Aufgabe: Die Entspannungsmelodie

Angenommen, Sie können regelmäßig eine kleine Mittagspause einlegen und hören sich währenddessen zur Entspannung immer das gleiche Musikstück an. Eines Tages hören Sie dieselbe Musik zufällig in einer anderen Umgebung, zum Beispiel bei einer Vernissage. Sie werden feststellen, dass Sie sich auf einmal wunderbar entspannt, vielleicht sogar ein klein wenig müde fühlen. Ihr Unterbewusstsein hat diese Musik sofort mit der gewohnten dazu gehörigen Situation („Entspannung") in Verbindung gebracht – und entsprechend reagiert.

Viele Entspannungsmethoden, wie das autogene Training und die progressive Muskelentspannung, gehen nach einem bestimmten Schema vor, das für den Körper schnell zu einem vertrauten Ablauf wird. Wie Sie sich das zunutze machen können, werden wir bei der genaueren Beschreibung der einzelnen Methoden noch erläutern.

Durch regelmäßiges Entspannen mit Hilfe einer bewährten Methode sprechen Sie den gesamten Organismus an. Sie können tiefer und dauerhafter loslassen, der Körper bekommt eine kleine Auszeit zum regenerieren, Geist und Seele schließen sich rasch an und nehmen wohltuenden Abstand vom Alltag und seinen Anforderungen.

So schaffen Sie dauerhafte Kraftreserven, die es Ihnen erlauben werden in der nächsten anstrengenden Situation ruhiger und gelassener zu reagieren. Sie halten wiederholten Stress und Spitzenzeiten besser durch, als das durch akutes „Krisenmanagement" oder durch Schnellhilfen möglich ist.

Urlaub im Alphazustand

Schon wenn Sie sich täglich (aber regelmäßig!) für nur wenige Minuten zurückziehen und eine dieser Methoden anwenden, spüren Sie die wohltuende Wirkung, die zwischen Innen und Außen ein wechselndes Gleichgewicht schafft. Ihre Sinne, die zuvor auf Ihre Umgebung gerichtet waren, sammeln sich jetzt in Ihrem Innern und konzentrieren sich auf Ihre geistige Welt. Sie gleiten in den sogenannten Alphazustand: Ihr Gehirn produziert nicht mehr wie im aktiven Wachzustand Betawellen (über 14 Schwingungen pro Sekunde), sondern nur noch Alphawellen (7-14 Schwingungen pro Sekunde); dennoch sind Sie nicht eingeschlafen: Sie sind lediglich „leicht abgehoben". In dieser Art Entspannung befinden Sie sich auch in den ersten zwanzig Minuten direkt nach dem Einschlafen.

Wenn Sie diesen Zustand tagsüber bewusst herbeiführen, werden Sie sich wunderbar vom Alltagsstress erholen und neu auftanken. Gleichzeitig ist nachgewiesen:

> Im Alphazustand arbeitet Ihr Gehirn am besten!

Trotz niedriger Frequenzen Ihrer Gehirnströme sind Sie bei vollem Bewusstsein. So können Sie leicht und mühelos Ihre Kreativität fördern, Ihr Gedächtnis ausbauen, Ihre Motivation stärken, nach Lösungsansätzen suchen, Ihre Intelligenz trainieren und so weiter – konzentriert sind Sie im Alphazustand ganz von alleine!

Nicht umsonst gibt es viele neue Forschungsergebnisse, Bücher und Lernprogramme zum Thema „Leichter lernen in Entspannung"; dies könnte den bisher üblichen Schulmethoden schon bald ernsthafte Konkurrenz machen. Deshalb sind auch Tagträume im entspannten Zustand oftmals überraschend produktiv: Ihre Fantasie und Kreativität arbeiten auf Hochtouren und werden nicht durch Äußerlichkeiten gebremst oder abgelenkt.

Wie Sie lernen, sich zu entspannen

Grundsätzlich gibt es zwei Möglichkeiten: Sie lernen die Standardmethoden alleine mit Hilfe von Büchern, Videos oder Kassetten, oder aber Sie besuchen einen entsprechenden Kurs.

Wir raten dazu, am Anfang auf alle Fälle lieber einen Kurs zu besuchen. Dieser ist je nach Methode unterschiedlich lang und intensiv; wir werden bei den einzelnen Beschreibungen noch genauer darauf eingehen. Kurse werden vor allem von Krankenkassen und Volkshochschulen angeboten, zuweilen auch von Bildungswerken oder größeren Fitness- und Erholungszentren.

Der Besuch eines Entspannungskurses hat, auch wenn er nur einmal in der Woche stattfindet, eine ganze Reihe von Vorteilen gegenüber der autodidaktischen Methode:

- Sie erhalten detaillierte Anleitung von geschulten Kursleitern.
- Bei Fragen haben Sie eine Ansprechperson, die Ihnen so fort Auskunft geben kann.
- Die Mitglieder der Gruppe können sich gegenseitig unter stützen und motivieren.
- Ein schöner Nebeneffekt: Sie erleben, dass Sie mit Ihren Beschwerden oder Kümmernissen nicht alleine sind; den anderen Kursteilnehmern ergeht es in vielen Situationen ähnlich wie Ihnen.
- Durch den regelmäßigen Kurstermin ist es für Sie einfacher, am Ball zu bleiben, als wenn Sie alleine üben.

Der Vorteil, den Sie haben, wenn Sie mit Hilfe von Büchern und anderem Material selbst in die Materie einsteigen, ist die flexiblere Zeitgestaltung: Sie können sich damit befassen, wann immer es sich in Ihren Tagesplan integrieren lässt, und sind nicht auf zeitliche Vorgaben angewiesen.

Nach unserer Erfahrung ist das aber eine eher zu vernachlässigende Größe, denn die Gefahr, dass Sie „nur gerade heute einmal nicht" üben und so aus dem Rhythmus geraten, ist ungleich größer, als wenn Sie ein Kursangebot wahrnehmen.

Wie schon erwähnt: Zehn Minuten täglich sind besser und effektiver als eine Stunde in der Woche – und wenn Sie zusätzlich zu den zehn Minuten auch noch regelmäßig unter Anleitung üben können, steht einer erfolgreichen Entspannung und Regeneration bald nichts mehr im Weg.

Stress abbauen mit Meditation

Ein Zen-Schüler fragte seinen Meister, wie er denn meditieren solle. Der Meister überlegte lange und antwortete schließlich: „Wenn Du einen Gedanken zu Ende gedacht hast und der nächste noch nicht begonnen hat, gibt es da nicht eine ganz kleine Lücke?" „Ja", erwiderte der Schüler. „Dann geh und verlängere sie", entgegnete der Meister, „das ist Meditation."

Einfach *sein*

Diese kleine Geschichte weist auf das Wesen der Meditation hin: Einfach *sein* mit dem, was gerade ist, ohne Absicht, ohne einem Gedanken nachzuhängen. Eine kleine Zeit lang nur innehalten und beobachten: Das eigene Sein, die verwirrenden vielfältigen Gedanken – Abstand gewinnen, ohne zu bewerten.

Normalerweise sind Sie ständig in Bewegung: Körper, Geist und Seele sind aktiv, oftmals sogar mit verschiedenen Geschehnissen gleichzeitig beschäftigt, so dass es Ihnen schwer fällt überhaupt zu registrieren, was nun von Bedeutung ist und was nicht.

Sie gehen zum Beispiel mit einem Kollegen in die Kantine, unterhalten sich über die bevorstehende Konferenz und in

Ihrem Innern lebt noch ein Gefühl von ungeklärter Unruhe, weil Sie die Unterlagen noch nicht vorbereitet haben. Gleichzeitig nehmen Sie Ihre Mahlzeit ein, ohne recht zu merken, was Sie da essen, und im äußeren Ablauf der alltäglichen Routine registrieren Sie dieses innere Durcheinander gar nicht.

Machen Sie, falls möglich, gerade jetzt einmal den folgenden kleinen Test:

Übung: Gedanken verfolgen

Setzen Sie sich an einen ruhigen Platz und schließen Sie die Augen. Beobachten Sie etwa fünf Minuten lang, welche Gedanken Ihnen durch den Kopf ziehen.

Sie brauchen dabei nichts weiter zu tun, als einfach zu beobachten, zu registrieren, die Gedanken kommen und gehen zu lassen, ohne sie zu bewerten oder weiter zu verfolgen.

Wahrscheinlich wird es in Ihrem Kopf ziemlich durcheinander gehen: Die verschiedensten Gedanken, Empfindungen, Erinnerungen, Situationen, Äußerungen von anderen, eigene und fremde Bewertungen, Gedankensprünge und vieles mehr werden auftauchen. Indem Sie sich davon – in der Meditation – innerlich zu distanzieren lernen, laufen Sie weniger Gefahr, sich von diesem Chaos überwältigen zu lassen. Sie sind für eine gewisse Zeit Beobachter Ihrer eigenen Innenwelt, Sie sehen sich an, was da *ist,* ohne es zu bewerten.

Am einfachsten finden Sie den Einstieg in die Meditation mit den folgenden vier Schritten:

In vier Schritten in die Meditation einsteigen

1 Entspannen
2 Konzentrieren
3 Beobachten
4 Sein

(aus: Jeanmaire, *Meditation*, S. 15, s. Literaturverzeichnis S. 121)

Das sind im Grunde vollkommen selbstverständliche Handlungen, die Sie sicherlich dutzende Male am Tag auch praktizieren – aber nicht in dieser wohltuenden bewussten Kombination. Sie finden diese vier Schritte in den folgenden Übungen wieder und Sie sind eingeladen für sich in Ruhe auszuprobieren, was Ihnen zusagt und was Ihnen hilft, Ihren inneren Frieden zu finden.

Die Minimeditation für jeden Tag

Für diese Übung sind keinerlei Vorbereitungen nötig. Hilfreich ist es allerdings, wenn Sie dafür sorgen können, dass Sie nicht gestört werden und etwa fünf bis zehn Minuten Zeit für sich haben.

Übung: Minimeditation in fünfzehn Minuten

Entspannen:

Die Entspannung beginnt mit dem Ausschütteln. Stellen Sie sich hin, die Füße schulterbreit auseinander, gehen Sie leicht in die Knie und schütteln kurz Arme, Hände, Beine und Oberkörper aus. Danach setzen Sie sich bequem und aufrecht hin, entweder ganz normal auf einen Stuhl oder im Schneidersitz auf ein Kissen.

Konzentrieren:

Schließen Sie die Augen ganz langsam. Der Blick richtet sich nun nach innen. Lassen Sie Ihren Atem ruhig ein- und ausströmen. Tun Sie das etwa hundert Atemzüge lang. Diese Zeit gehört Ihnen und Sie konzentrieren sich ausschließlich auf Ihren Atem.

Beobachten:

Schauen Sie zu, wie die Gedanken Ihnen durch den Kopf gehen, welche besonders häufig sind, und bleiben Sie an keinem hängen. Beobachten Sie auch, welche Empfindungen hochkommen, und merken Sie sich diese. Sie sitzen jetzt auf der Zuschauertribüne und sehen sich das Spektakel in Ihrem Inneren an, aber sozusagen von außen. Das schafft die Distanz, die Sie brauchen, damit Sie nicht nur mehr oder weniger auf Ihre Umwelt reagieren, sondern das tun, was Ihnen wirklich entgegenkommt.

Sein:

Fünfzig Atemzüge lang sprechen Sie unhörbar das Wort „jetzt" beim Ausatmen aus. Sie konzentrieren sich nun auf die Gegenwart, so intensiv Sie können.

Abschluss:

Nach fünfzig Atemzügen halten Sie die Luft an, so lange Sie können, dann atmen Sie laut aus und öffnen die Augen dabei.

(aus: Jeanmaire, *Meditation*, S. 15, s. Literaturverzeichnis S. 121)

Diese Übung können Sie bequem jeden Tag durchführen; sie beansprucht nicht viel Zeit und schafft doch ein klares Bewusstsein für Ihre momentane Situation. Sie wird Aufgaben und Pflichten nicht in Luft auflösen, Ihnen aber sicherlich dabei helfen, diese zu bewerkstelligen.

Atemmeditationen

Die Technik der reinen Atembeobachtung erfordert wenig Übungsaufwand und der Entspannungszustand tritt schon innerhalb von ein paar Minuten ein:

Grundübung Atemmeditation

Sie machen es sich bequem, schließen die Augen und beobachten einfach Ihren Atem. Sie tun sonst gar nichts; Sie wollen ihn in keinster Weise beeinflussen. Sie konzentrieren sich nur auf Ihren natürlichen Atemrhythmus.

Das ist die einfachste Version, auf der alle anderen Übungsvarianten aufbauen. Alle Varianten haben gemeinsam, dass sie immer angewendet werden können, egal wo Sie sich gerade befinden. Sie können sich auf Ihren Atem konzentrieren, während Sie auf den Bus warten, in einer kleinen Pause im Büro, an der Tankstelle oder beim Warten vor der Supermarktkasse, im Zahnarztstuhl oder wenn Ihr Vorgesetzter Sie im Vorzimmer warten lässt. In solchen Situationen ist eine kleine, von den anderen unbemerkte Atemmeditation wie ein kurzes Ausklinken aus dem Alltag, das ein wenig Entspannung und Abstand bringen kann.

Nach kurzer Zeit schon wird Ihre Atmung langsamer, die Pausen zwischen Ein- und Ausatmen werden länger und die Ruhe breitet sich im ganzen Körper aus. (Dieser Effekt ist natürlich umso stärker spürbar, je ungestörter Sie gerade sind.) Genießen Sie dieses sanfte Wechselspiel zwischen Einatmen und Ausatmen; denken Sie dabei vielleicht an die

Wellen des Meeres oder langsame Schaukelbewegungen, und lassen Sie sich von diesem angenehmen Rhythmus tragen.

Je bewusster Sie Ihre Atmung beobachten und einfach geschehen lassen, umso klarer wird sie sich verlangsamen, umso leichter kann sich die Ruhe in Ihrem Innern ausbreiten – die wiederum das langsame Atmen fördert. Ein wohltuender Kreislauf des Loslassens beginnt.

Das können Sie mit der folgenden Übung selbst einmal ausprobieren:

Übung: Konzentriertes Atmen

Setzen oder legen Sie sich an einen Ort, wo Sie für ein paar Minuten ungestört sind, und zählen Sie Ihre Atemzüge. Zählen Sie von 1 bis 10, und wenn Sie bei 10 angelangt sind, beginnen Sie wieder von vorne. Konzentrieren Sie sich ausschließlich auf Ihre Atmung.

Diese Übung klingt sehr einfach und sie ist es auch. Vorausgesetzt, Sie stellen nicht gleich allerhöchste Ansprüche an sich selbst. Denn es wird Ihnen mit großer Wahrscheinlichkeit nicht gelingen, nur an das Zählen der Atemzüge zu denken. Es werden sich spätestens beim dritten oder vierten Atemzug andere Alltagsgedanken einschleichen. Und hier beginnt die Kunst des Meditierens:

- Lassen Sie diese Gedanken einfach ziehen, so wie die Wolken am Sommerhimmel im leichten Wind weiterziehen.
- Schenken Sie ihnen keine Aufmerksamkeit, lassen Sie sich nicht von ihnen einfangen.

- Sie sind nicht diese Gedanken, Sie beobachten sie nur. Die Gedanken sind ein Teil von Ihnen, der im Moment nicht wichtig ist.
- Es kommt nicht darauf an, in dieser Konzentration auf die Atmung „gedankenfrei" zu sein, sondern immer wieder zur Atmung zurückzukehren.

Wenn Sie diese Punkte beachten, werden Sie merken, dass es Ihnen mit fortschreitender Übung immer leichter fallen wird, sich für eine kleine Weile von Ihren Gedanken zu distanzieren.

Bewusst ein- und ausatmen

Die folgende Anregung mag Ihnen noch ein wenig leichter erscheinen, da sie die Konzentrationsfähigkeit fordert und so von vornherein weniger Raum für eigene Gedanken lässt, die eventuell auftauchen wollen.

Übung: Bewusst ein- und ausatmen

Stellen Sie sich vor, falls möglich mit geschlossenen Augen, dass Sie nur zu einem Nasenflügel einatmen und zum anderen wieder aus. Dabei wechseln Sie ab wie folgt:

1:	zum linken Flügel ein	zum rechten Flügel aus
2:	zum rechten Flügel ein	zum linken Flügel aus
3:	zum linken Flügel ein	zum rechten Flügel aus
4:	zum rechten Flügel ein	zum linken Flügel aus
5:	durch beide Flügel ein	durch beide Flügel aus

Danach beginnen Sie von vorne.

Diese Übung können Sie in vielen Situationen von anderen völlig unbemerkt anwenden. Durch die Lenkung der Aufmerksamkeit in Ihrer Vorstellung wird ein Umschalten von außen nach innen bewirkt und die Entspannung eingeleitet und gefördert.

Solche und ähnliche Atemmeditationen können Sie ohne Weiteres für sich alleine ausführen. Eine ganz einfache Variante besteht zum Beispiel darin, dass Sie sich ruhig hinlegen und lediglich den Weg des Atems in Ihrem Körper verfolgen: durch die Nase, den Hals und die Lunge in den Brustraum und Bauchraum, von dort langsam wieder zurück. Sie können sich zum Beispiel auch vorstellen, in den Rücken zu atmen und den Atemstrom in Ihren Gedanken an eine Stelle zu lenken, an der Sie Schmerzen empfinden, und so weiter.

Sie können nach Belieben neue Varianten erfinden und sich durch Ihre eigene Fantasie anregen lassen. Wichtig ist vor allem, dass es Ihnen gut tut, dass Sie spüren, wie sich der Atem durch die Übung beruhigt und der ganze Organismus eine Pause macht.

Meditation in Bewegung

Viele Menschen finden allerdings leichter über dynamische Meditationen zur inneren Ruhe. Hier verstärken bewusst vollzogene Bewegungen das Empfinden für den eigenen Körper. Über Bewegung lassen sich die ersten offensichtlichen Spannungen abbauen; so ist es für Sie vielleicht einfacher, innere Ruhe und Gelöstheit zu erreichen, als wenn Sie sich hinsetzen und sofort ruhig und still sein wollen.

Auch die weiter oben empfohlene Minimeditation beginnt ja mit dem Ausschütteln des Körpers. Das können Sie für sich noch etwas intensivieren.

Übung: Anspannungen „wegschütteln"

Stellen Sie sich fest auf den Boden, die Füße schulterbreit auseinander, und gehen Sie leicht in die Knie. Dann schütteln Sie Arme und Beine, Kopf und Schultern zehn Minuten lang aus. Lassen Sie alle Anspannungen der vergangenen Stunden einfach los, schütteln Sie sich frei.

Anschließend setzen Sie sich an einen ruhigen Platz und beobachten fünf Minuten lang Ihren Atem.

Benutzen Sie beim Atmen eine Technik, die Ihnen angenehm ist: die Wechselatmung, das Zählen der Atemzüge oder das Verfolgen des Atems im Körper. Experimentieren Sie ein wenig und beobachten Sie, was für Sie das Beste ist.

Durch die Bewegung ist das Umschalten von außen nach innen für viele Menschen leichter. Beim Ausschütteln lassen sich belastende Gedanken gleich mit abschütteln, der Kontrast zwischen Bewegung und Innehalten ist nicht so stark wie bei manchen anderen Übungsvorschlägen.

Im Folgenden stellen wir Ihnen eine etwas ausführlichere Bewegungsmeditation vor, die Sie für sich selbst gestalten und variieren können. Wenn Sie möchten, unterstützen Sie diese Meditation, indem Sie sich passende Musikstücke aussuchen und auf eine Kassette überspielen, so dass Sie die Übung ohne Unterbrechungen durchführen können.

Sie benötigen dreierlei Musik:

- Phase 1: fröhliche, lebendige Klänge
- Phase 2: Musik, nach der Sie gerne tanzen
- Phase 3: leise, unaufdringliche („sphärische") Hintergrundmusik
- (evtl. Phase 4: Stille)

Übung: Phasenweise zur Ruhe kommen

Phase 1: Etwa 10 Minuten Schütteln (wie oben beschrieben).

Phase 2: 10-15 Minuten Tanzen. Spüren Sie die Energie, zu der Sie durch das Schütteln nun Zugang gefunden haben, und drücken Sie Ihre Gefühle in Bewegung aus.

Phase 3: 10-15 Minuten Musik. Sitzen oder liegen Sie ganz ruhig, und hören Sie einfach in sich hinein.

(Evtl. Phase 4: wie Phase 3, aber in Stille.)

Diese Übung können Sie nach Bedarf variieren: Vielleicht möchten Sie sich nur ausschütteln und anschließend die Ruhe genießen, vielleicht ganz lange tanzen und nur kurz in sich hinein hören, vielleicht nach dem Tanzen gleich still sein - probieren Sie einfach aus, was Ihnen gut tut.

Wenn Sie gerade sehr aufgeregt sind, können Sie auch statt der Tanzphase eine Energiephase einfügen, während der Sie springen, toben, schreien, laut und „verrückt" sind (vorausgesetzt, Sie haben ein dafür geeignetes Umfeld) und sich so mit Ihrer Energie verbinden. In diesem Fall wählen Sie am besten eine sehr heftige, aufwirbelnde Musik, etwa mit Urwaldklängen oder lautem Schlagzeug. Wichtig ist, dass Sie sich zu Beginn der Übung Zeit nehmen, um vom Alltag Abstand zu gewinnen, und dass Sie sich am Ende Zeit nehmen, um in Ruhe allein zu sein.

Anfangs kann es angenehmer sein solche Übungen unter Anleitung in einer Meditationsgruppe zu machen. Zum einen steht dort mit großer Wahrscheinlichkeit ein Raum zur Verfügung, wo Sie genügend Platz haben und auch laut sein dürfen, zum anderen braucht es vielleicht die ersten Male doch ein wenig Mut, diese Anweisungen offen und klar zu befolgen und sich frei zu bewegen. Das kann in einer Gruppe, in der alle das Gleiche tun, um einiges leichter sein als allein zu Hause. Dort kann man, wenn man sich dabei komisch vorkommt, schnell in Versuchung geraten, die Übung vorzeitig zu beenden; in einer Gruppe lässt man sich leichter auch zu etwas Ungewohntem motivieren. Und nur so erfahren Sie ja am Ende den erholsamen Effekt einer solchen Übung am eigenen Körper. Auf jeden Fall ist es ratsam, die Augen geschlossen zu halten oder eine Augenbinde zu tragen.

Effekt der Bewegungsmeditationen

Bewegungsmeditationen lösen rasch die Verspannungen im Körper, die sich vor allem bei Stress oftmals unbemerkt einschleichen. Anschließend verspüren Sie neue Kraft, Frische und Klarheit. Allerdings sollten Sie nicht nach dem ersten Versuch bereits aufgeben, wenn Ihnen diese Art der Entspannung nicht so sehr zu liegen scheint; versuchen Sie es ruhig zu einem späteren Zeitpunkt noch einmal. Je nach Ihrer aktuellen Tagesform nützt Ihnen heute diese, morgen jene Entspannungsmethode mehr; und so kann es nicht schaden, wenn Sie sich im Laufe der Zeit ein breit gefächertes Repertoire erarbeiten.

Meditationskurse sind an Volkshochschulen derzeit noch nicht sehr verbreitet. Adressen von weiteren Anbietern finden Sie in den Büchern von Gerhard Schindler und Susanne Seiler (s. Literaturverzeichnis S. 121).

Immer häufiger bilden sich auch unabhängige private Meditationsgruppen, die sich regelmäßig treffen und unter der Anleitung eines erfahrenen Gruppenleiters gemeinsam meditieren (Adressen in regionalen Tageszeitungen oder entsprechenden Zeitschriften). Der Fachhandel hält eine große Anzahl Kassetten und CDs mit Meditationsanleitungen bereit; lassen Sie sich am besten dort persönlich beraten.

Die klassischen Methoden

Beim Erlernen einer der Methoden, die wir hier als die „klassischen Entspannungsverfahren" bezeichnen, erreicht man eine erhöhte Sensibilität für Spannungszustände sowohl auf körperlicher als auch auf geistiger oder emotionaler Ebene. Diese Achtsamkeit lässt sich später auf den Alltag übertragen, so dass Sie auch hier immer schneller bemerken, in welchem Zustand Sie sich gerade befinden, und ob es Ihnen damit gut geht.

Schließlich werden Sie in der Lage sein diese Zustände mehr und mehr zu beeinflussen, das heißt wahrzunehmen, wenn Sie angespannt sind, und das mit der Methode Ihrer Wahl zu verändern.

Die folgenden Verfahren sollten für den Anfang so lange in einer Gruppe eingeübt werden, bis Sie sich in der Anwendung und Ausführung sicher sind. Anschließend können Sie sie alleine zu Hause praktizieren. Das schließt natürlich nicht aus, dass Sie bereits in der Lernphase zusätzlich zum Kurs auch daheim noch üben; und je regelmäßiger Sie das tun, umso schneller und konsequenter wird sich der Entspannungseffekt einstellen.

Progressive Muskelentspannung nach Jacobson

Hier handelt es sich um ein modernes Entspannungsverfahren, das Ende der 1930er Jahre von Edmund Jacobson an der Universität von Chicago vorgestellt wurde. Seitdem wurde es unter verschiedenen Aspekten verbessert und modifiziert.

Die progressive Muskelentspannung sieht vor, dass nacheinander sechzehn verschiedene Muskelgruppen des Körpers zunächst angespannt und nach ein paar Sekunden wieder entspannt werden. Darauf folgt eine kurze Pause, um den Zustand des inneren Gelöstseins intensiv wahrzunehmen.

Durch den deutlichen Gegensatz zwischen Anspannung und Entspannung der Muskeln stellt sich rasch ein allgemeines Wohlbefinden ein: Körper, Geist und Seele werden ruhig und entspannter.

Die Übungsanleitungen ähneln den Bewegungsabläufen, wie sie Ihnen vielleicht vom sportlichen Muskeltraining her vertraut sind. Allein die Konzentration auf das Gefühl der Entspannung zwischen den Phasen der Anspannung kommt hier als zusätzliche Aufgabe hinzu.

Durch die Einfachheit der Anweisungen kommen auch Menschen, die mit anderen Methoden (autogenem Training, Atemübungen, Meditation) eher Schwierigkeiten haben, rasch und zuverlässig in einen angenehmen Entspannungszustand. Zusätzlich sind sie im Kurs durch die Vorgaben des Übungsleiters dazu angehalten, sich auf ihre Körperwahrnehmungen und ihre Empfindungen zu konzentrieren; so schleichen sich eigene Gedanken und Sorgen nicht mehr ohne Weiteres ein.

Damit Sie einen konkreteren Eindruck von dieser Methode bekommen, geben wir hier eine Übungsanleitung detailliert wieder (aus: Olschewski: *Progressive Muskelentspannung*, S. 59 ff., s. Literaturverzeichnis, S. 121):

Übung: Progressive Muskelentspannung

Sitzen Sie auf einem bequemen Stuhl, der es Ihnen ermöglicht, locker zu sitzen. Achten Sie darauf, dass der Stuhl Sie trägt, auch wenn sämtliche Muskelgruppen Ihres Körpers entspannt sind. (...) Wir beginnen diese Sitzung, indem wir verschiedene Muskelgruppen durchgehen und diese zunächst anspannen und anschließend intensiv entspannen und locker werden lassen.

Wir beginnen mit der rechten Hand und dem rechten Unterarm. Bilden Sie mit der rechten Hand eine Faust und spannen Sie jetzt die Muskeln Ihrer rechten Hand und des rechten Unterarms maximal an. Fühlen sie diese intensive Spannung, halten Sie sie noch ein wenig (5-7 Sek.) und lassen JETZT wieder los ... (15-20 Sek. Pause).

Wir wiederholen diese Übung nochmals. Spannen Sie JETZT die rechte Faust und lassen Sie auch den rechten Unterarm angespannt sein ... (30-40 Sek. Pause).

Wir kommen zum rechten Oberarm, den Sie anspannen können, indem Sie mit angewinkeltem Arm den Oberarm gegen den Brustkorb drücken und die Muskeln des Oberarms intensiv anspannen. Achten Sie dabei darauf, die Muskeln des Unterarms und der Hand weitgehend locker zu lassen. Spannen Sie JETZT fest an und halten Sie noch einige Sekunden, und lassen Sie JETZT wieder los.

Wir kommen nun zur linken Hand und zum linken Unterarm ...

Nun folgt der linke Oberarm ...

Anschließend werden die Gesichtsmuskeln gelockert: Ziehen Sie die Augenbrauen nach oben und spannen Sie auch die Stirn- und Scheitelregion an (eventuell sollte der Therapeut dem Klienten die Übung zeigen, indem er sie zunächst selbst ausführt und der Klient zusieht).

Es folgt die Anspannung der mittleren Gesichtspartien, indem man die Augen fest zukneift und gleichzeitig die Nase rümpft, um Spannung im gesamten mittleren Gesichtsbereich zu erzeugen.

Die Anspannung des unteren Gesichtsdrittels wird dadurch erzeugt, dass man die Zähne fest zusammenbeißt und die Mundwinkel stark nach unten in Richtung auf den Hals zu und nach außen zieht.

Anschließend werden die Nackenmuskeln angespannt, indem man das Kinn in Richtung Brust zieht, gleichzeitig aber durch eine Gegenspannung im Nacken gegen diese Spannung gegenhält, so dass sich die Anspannung der vorderen Halsmuskulatur und der Nackenmuskulatur aufhebt.

Als Nächstes werden dann die Muskeln des Schultergürtels, der Brust und der oberen Rückenpartie angespannt, indem die Schultern nach hinten zum Rücken und die Schulterblätter nach innen zusammengezogen werden. Gleichzeitig sollten die Brustmuskeln angespannt und dadurch die Schultern etwas nach unten gezogen werden.

Anschließend spannen Sie die Bauchmuskeln an, indem Sie den Bauch hart werden lassen und gleichzeitig mit den Lendenmuskeln etwas dagegen halten, so dass sich der Rumpf nicht nach vorne bewegt (was geschehen würde, wenn man nur die Bauchmuskeln anspannt).

Nun kommen wir zu den Muskeln des rechten Oberschenkels: Spannen Sie den vorderen Oberschenkelmuskel an, so, als wollten Sie die Beine strecken, und halten Sie gleichzeitig mit den hinteren Muskeln dagegen. Sie können dabei das Bein vom Boden abheben und ein wenig nach vorne strecken. Wer mit der Anspannung beider Muskelgruppen Schwierigkeiten hat, kann das Bein wieder auf den Boden aufstellen und so tun, als wollte er mit dem Fuß ein Loch in den Boden drücken und/oder den Boden ein wenig nach vorne schieben.

Wir kommen zum rechten Unterschenkel: Ziehen Sie die Zehen in Richtung Ihres Kopfes und spannen Sie gleichzeitig die Rückseite der Unterschenkel an, so dass gegen diese Anspannung eine Gegenkraft entsteht. Wir kommen zu den Fußmuskeln der rechten Seite: Heben Sie den Fuß etwas vom Boden ab, strecken Sie den Fuß in Richtung zum Boden, beugen Sie die Zehen und drehen Sie den Fuß vielleicht zusätzlich noch leicht nach innen. Lassen Sie eine maximale Spannung in den Fußmuskeln entstehen.

Nun folgt der linke Oberschenkel ...

Anschließend wird der linke Unterschenkel angespannt ...

Anschließend werden die Zehen des linken Fußes hochgezogen ...

Sitzen Sie anschließend locker und entspannt noch einige Minuten in Ihrem Stuhl und nehmen Sie wach und mit allen Sinnen wahr, welche Veränderungen aufgetreten sind und welche Veränderungen Sie jetzt noch beobachten können. Strecken und dehnen Sie sich anschließend, gähnen Sie vielleicht. Achten Sie vielleicht jetzt besonders darauf, dass Sie aus dem Übungszustand vollständig zurückgekehrt sind und wach sowie gleichzeitig entspannt sind.

Diese Methode, die zunächst den Körper beansprucht, entspannt und erfrischt anschließend auch den Geist: Die Teilnehmer von Kursen in progressiver Muskelentspannung stellen nach den Übungen oftmals fest, dass ihre Muskulatur im Alltag eine erstaunlich hohe Grundspannung aufweist, die von den äußeren Gegebenheiten her gar nicht nötig wäre. Solche Verspannungen lassen sich willentlich und spontan oft gar nicht lösen; erst durch die totale Anspannung der betroffenen Muskelgruppe und das anschließende Loslassen stellt sich Entspannung ein.

Die progressive Muskelentspannung fördert nicht nur die innere Gelassenheit und Ausgeglichenheit. Man kann durch sie auch die allgemeine Beweglichkeit und körperliche Ausdauer steigern.

Durch das Erlernen dieser Methode in der Gruppe unter Anleitung eines ausgebildeten Therapeuten und durch das anschließende selbständige Üben zu Hause wird die Technik gefestigt, und mit der Zeit stellt sich eine innere Gelassenheit ein, die zur deutlichen Abnahme von (subjektiv empfundenem) Stress führen kann. Im Kurs werden Sie dann auch im Liegen üben; Sie erfahren, wie sich mit etwas Erfahrung die Muskelgruppen zusammenfassen und auf sieben oder vier reduzieren lassen. In der Oberstufe können Sie sich später sogar das konkrete Anspannen und Lösen der einzelnen Muskelpartien ersparen, indem Sie die jeweilige Muskelgruppe bewusst wahrnehmen und anschließend „nur" in Ihrer Vorstellung entspannen. Diese mentale Entspannung überträgt sich tatsächlich – nachweisbar – auf das Körpergefühl!

Kurse für die progressive Muskelentspannung finden Sie am einfachsten an Volkshochschulen; sie umfassen etwa fünf bis acht Termine. Die Übungen eignen sich sehr gut zum Einstieg in das Thema Entspannung, gerade auch dann, wenn Sie nie zuvor mit solchen Methoden zu tun hatten.

Autogenes Training

Der Begriff „autogen" kommt aus dem Griechischen und bedeutet „ursprünglich, selbsttätig". Mit dem Begriff autogenes Training ist gemeint, dass ein äußerer Anstoß einen inneren Vorgang auslöst, der in diesem Moment aus sich selbst erwächst. Diese Methode ist in den 1930er Jahren aus der Hypnose entstanden und wurde von I. H. Schultz in Berlin ausgearbeitet.

Sie besteht aus insgesamt sechs Übungsteilen, von denen wir Ihnen hier die beiden ersten näher vorstellen werden. Sehr schnell empfinden die Lernenden durch die Anleitungen Ruhe, Schwere und Wärme. Das Gefühl von Schwere entsteht durch die Entspannung der Muskeln; das Wärmegefühl stellt sich ein, wenn sich die Blutgefäße erweitern und mehr Blut hindurchströmen kann. Der ganze Organismus entspannt sich wie beim gewohnten Nachtschlaf, aber hier tritt der Effekt allein durch die entsprechende Konzentration ein.

Das autogene Training dient nicht nur der allgemeinen Entspannung, sondern steigert auch Ihre Konzentrations- und geistige Leistungsfähigkeit. Es wird, wie andere Methoden auch, als wichtiges Element der Vorsorgemedizin betrachtet. Schon die beiden Grundübungen (Entspannung der Muskeln und Erweitern der Blutgefäße) erhöhen nachweisbar die Widerstandskraft des Organismus und steigern die Immunabwehr.

Im Einzelnen werden die folgenden Stufen erarbeitet:

- Entspannung der Muskeln (Schweregefühl)
- Erweitern der Blutgefäße (Wärmegefühl)
- Ruhig Atmen
- Gleichmäßiger Herzschlag
- Wärme in den inneren Organen fühlen (Sonnengeflecht)
- Kühle am Kopf empfinden (Stirnkühle)

Diese Zustände werden nun nicht durch den bewussten Willen erreicht, der mit aktiver Spannung arbeitet, sondern nur durch Konzentration auf bestimmte Vorstellungen. Vielleicht kann eine kleine Vorübung verdeutlichen, was hier gemeint ist.

Übung: Bewegung durch Konzentration

Stützen Sie Ihren Ellenbogen auf und nehmen Sie einen Faden zwischen die Fingerspitzen, an den Sie einen kleinen Gegenstand gehängt haben. Versuchen Sie nun, ohne irgendetwas willentlich zu tun, das Pendel allein durch Ihre Vorstellung und Konzentration dazu zu bringen, in eine bestimmte Richtung zu schwingen.

Sie werden feststellen, dass das recht einfach ist. Zur Probe können Sie nach einer kleinen Weile die Richtung ändern und den Gegenstand statt vor und zurück vielleicht von links nach rechts oder im Kreis schwingen lassen. Beobachten Sie, wie es sich anfühlt, diese Schwingungen durch Konzentration zu beeinflussen.

Sie erleben recht anschaulich, dass die innere Sammlung und bewusste Konzentration durchaus eine erkennbare Reaktion, sogar eine Bewegung verursachen können. Die Übung zeigt das Wesen des autogenen Trainings: Indem Sie sich darauf konzentrieren, dass Ihre Muskeln immer gelöster werden, geschieht dies auch spürbar. Sie erleben das Ergebnis dann als Gefühl der Schwere und Entspannung.

Diese Schwere können Sie nicht „machen", sondern sie kann nur durch Konzentration entstehen. Sie können ja auch nicht das Einschlafen bewusst „tun", sondern Sie geben sich dem Schlaf hin. Sie können dieses Phänomen mit der folgenden Übung nachvollziehen:

Übung: Wärme durch Konzentration

Sorgen Sie dafür, dass Sie ein paar Minuten ungestört sind, und legen Sie sich bequem hin. Konzentrieren Sie sich nun auf die folgenden Formeln und wiederholen Sie sie in Gedanken:

Ich bin ruhig. Ich bin ganz ruhig.
Der rechte Arm ist angenehm schwer. (3-4 mal wiederholen)
Der linke Arm ist angenehm schwer. (3-4 mal wiederholen)
Ich bin ruhig. Ich bin ganz ruhig.
Beide Arme sind angenehm schwer. (3-4 mal wiederholen)
Ich bin ruhig. Ich bin ganz ruhig.
Beide Beine sind angenehm schwer. (3-4 mal wiederholen)
Ich bin ruhig. Ich bin ganz ruhig.
Arme und Beine sind angenehm schwer. (3-4 mal wiederholen)
Der ganze Körper ist angenehm schwer. (3-4 mal wiederholen)

Bleiben Sie anschließend noch etwa zwei Minuten lang in dieser angenehmen Entspannung, dann führen Sie folgende Schritte aus (Rücknahme): Sie dehnen und strecken sich kräftig, atmen zwei- bis dreimal tief ein und aus und öffnen schließlich wieder Ihre Augen.

Vielleicht fühlen Sie die Wärme in Ihren Armen und Beinen nicht gleich beim ersten Mal intensiv, doch ist dies ein Effekt, der sich bei regelmäßiger Übung rasch einstellen wird.

Beim autogenen Training ist es wichtig dauerhaft am Ball zu bleiben: Der Organismus reagiert am schnellsten und zuverlässigsten auf das Entspannungsangebot, wenn es – im Idealfall – zu einem festen Bestandteil des Tagesablaufs wird!

Die zuletzt aufgeführten drei Schritte der sogenannten Rücknahme sind immer dann wichtig, wenn Sie in einen angenehmen Entspannungszustand gelangt sind: Nur so können Sie Ihr Unterbewusstsein wieder auf die Ebene des Alltags und auf die normale Reaktionsfähigkeit zurückbringen.

Die Wichtigkeit dieser Schritte wird in der Fachliteratur beschrieben, doch ist es unseres Erachtens auch hier unbedingt empfehlenswert, einen Kurs zu besuchen und diese Vorgehensweisen einige Male unter kompetenter Anleitung zu üben.

Vorteile des autogenen Trainings

- Sie können sich in kürzester Zeit zuverlässig erholen und entspannen; wenige Minuten autogenes Training entsprechen der Qualität von ein bis zwei Stunden Schlaf.
- Sie leiden weniger unter Aufregung und Ärger. Wenn Sie einmal gelernt haben, „sich zu lassen", das heißt gelassen zu sein und zu bleiben, können Sie diesen Zustand immer wieder bewusst herbeiführen.
- Sie beeinflussen Ihren Wachheitsgrad; Sie sind einerseits hellwach, wenn es nötig ist, andererseits schlafen Sie mit dem autogenen Training schnell und zuverlässig entspannt ein, wenn Sie es wollen.

- Sie schlafen insgesamt tiefer und erholsamer, weil sich der Organismus durch die wiederholten Übungen intensiver entspannt.
- Ihre Leistungsfähigkeit in Sport, Beruf und Freizeit wird deutlich steigen. Sie können störende Reize konsequenter ausblenden und sich besser auf das Wesentliche konzentrieren.
- Insgesamt stärken Sie Ihre körperlichen Abwehrkräfte und unterstützen Ihre inneren Organe sowie die Herz- und Kreislauffunktionen.

(nach: Thomas: *Praxis des Autogenen Trainings*, S. 9 ff., s. Literaturverzeichnis, S. 121)

Auch bei zahlreichen körperlichen Beschwerden kann das autogene Training deutliche Linderung bringen. Hier sei aber unbedingt angeraten, keine eigenen Experimente zu unternehmen, sondern im ärztlichen Gespräch vorher abzuklären, inwieweit diese Methode für den Einzelfall angebracht ist und ob der Besuch eines Kurses angeraten ist.

Wenn Sie sich gesund fühlen, können sie natürlich auch alleine mit Hilfe von Büchern üben, denn durch das autogene Training können Sie eigentlich keinen gesundheitlichen Schaden anrichten. Sollten jedoch kleinere Störungen auftreten wie zum Beispiel leichte Kopfschmerzen, raten wir von der Selbstlernmethode ab.

Autogenes Training – am besten in der Gruppe

Zum Schluss sei darauf verwiesen, dass wie die meisten Entspannungsmethoden auch das autogene Training in der

Gruppe grundsätzlich viel leichter erlernbar ist, als wenn Sie es alleine versuchen. Ein Grundkurs dauert ca. acht bis zehn Sitzungen; Anbieter sind zahlreiche Volkshochschulen und sogar manche Krankenkassen. Autogenes Training bietet, ähnlich wie die progressive Muskelentspannung, einen leichten und gut nachvollziehbaren Einstieg in die Welt der bewussten Entspannung.

In der Weiterführung des autogenen Trainings im Aufbaukurs lassen sich durch sogenannte „formelhafte Vorsätze", die Sie sich in der Entspannung selbst vorsagen, innere Spannungen zu Ihrem Vorteil beeinflussen. Sie können sich im Ruhezustand wünschenswerte Veränderungen suggerieren und so konstruktiv an der Verbesserung und Stärkung Ihres körperlichen, geistigen und seelischen Allgemeinzustands mitwirken.

Der Vorzeigeerfolg: Hannes Lindemann

Vielleicht haben Sie schon einmal von Hannes Lindemann gehört, der Ende der fünfziger Jahre ganz allein mit einem Faltboot den Atlantik überquerte. Er hatte sich auf seine abenteuerliche Fahrt gut vorbereitet, indem er bereits einige Wochen vorher konsequent autogenes Training betrieb. In der Entspannung prägte er sich einige formelhafte Vorsätze ein, die später für ihn überlebenswichtig wurden, so zum Beispiel: „Ich schaffe es!" oder „Kurs West". Diese Vorsätze wurden durch tägliches autogenes Training tief im Unterbewusstsein verankert:

„Der feste Glaube an das Gelingen ist der erste Schritt zur Verwirklichung, das gilt für jedes Unternehmen. (...) Während

ich abends während des Trainings einschlief, war mein letzter Gedanke: Ich schaffe es. Und morgens konzentrierte ich mich als erstes darauf. (...) Man lebt mit dem Vorsatz, man identifiziert sich mit ihm, so dass er zur zweiten Natur wird und jede Zelle des Körpers von diesem 'Ich schaffe es' erfüllt ist. (...) Erst als ich von diesem Gefühl durchdrungen war und getragen wurde, entschied ich mich endgültig, die Fahrt zu unternehmen."

(aus: Lindemann: *Überleben*, S.14 ff., s. Literaturverzeichnis, S. 121)

Lindemann hatte seine geistige Vorbereitung derart effektiv betrieben, dass in seinem Unterbewusstsein während der Überquerung in den verschiedensten Krisensituationen jeweils der richtige Vorsatz, das richtige Bild auftauchte und ihm die notwendigen Impulse eingaben: Die Formel „Kurs West" konnte sogar durch zu wenig Schlaf ausgelöste Halluzinationen durchbrechen und gewährleistete, dass Lindemann noch in den letzten Tagen seinen Kurs nach Westen außerordentlich gut einhalten konnte, obwohl er durch die lange Fahrt ziemlich geschwächt war. Auch mit den einfachsten Problemen hatte er in seinem winzigen Boot zu kämpfen – und kam dank des autogenen Trainings gut zurecht:

„Man stelle sich einmal vor: 72 Tage sitzend, Tag und Nacht. Da musste es zu Sitzgeschwüren kommen. Also zauberte ich mir regelmäßig, vermehrt jedoch bei stürmischem Wetter, das Wärmegefühl auf die posterioren Flächen – die leichteste Übung des AT. Mein „Achtersteven" blieb auf diese Weise von Sitz- und Salzwassergeschwüren verschont. Aber das hatte

noch andere Gründe. (...) Tiefstes Entspannen führt zu Wohlbehagen. Wer sich richtig entspannen kann, vergisst seine naturgegebene Angst. Das Schlafbedürfnis nimmt ab, die Sitzunruhe lässt nach, man sitzt so entspannt, dass es nicht so schnell zu Sitzbeschwerden kommt."

(aus: Lindemann: *Überleben*, S.14 ff., s. Literaturverzeichnis, S. 121)

Das Unterbewusstsein anregen

Im Entspannungszustand ist das Unterbewusstsein empfänglich für Anregungen verschiedenster Art. Es gibt keine Vorschriften in Bezug auf den Wortlaut solcher innerer Vorgaben. Doch wenn Sie etwas in dieser Richtung unternehmen wollen, sollten Sie beachten, dass eine Affirmation kurz und knapp sein sollte, positiv formuliert und bildhaft einprägsam, so zum Beispiel: „Ich arbeite gut und zuverlässig." oder „Ich verdiene es, reich zu sein." oder „Ich bin gesund und glücklich." Noch wirksamer werden solche Vorsätze, wenn Sie sich die entsprechenden Bilder dazu vorstellen:

Sehen Sie sich in Gedanken an Ihrem Arbeitsplatz, wie Sie

- Ihre Aufgaben erfolgreich und effektiv erledigen.
- Stellen Sie sich vor, wie Sie sich all das kaufen, was Sie sich wünschen.
- Lassen Sie vor Ihrem inneren Auge den Film eines heiteren, fröhlichen Familienausflugs ablaufen.

Je bunter, lebendiger und intensiver diese Vorstellungen sind, umso eher nimmt sie das Unterbewusstsein als „Wahrheit" an – es ist nämlich im Entspannungszustand äußerst empfänglich für Bilder jeglicher Art. (Zum Denken in Bildern siehe auch den nächsten Abschnitt „Die Fantasie trainieren", ab S. 115.)

Mit Yoga ausgeglichen und belastbar werden

Der Yoga stammt aus der indischen Kultur und beinhaltet die Lehre (und darauf aufbauende Methode) der Vervollkommnung des Menschen. Sie soll durch die Harmonisierung von Körper, Geist und Seele erreicht werden. Auf dem Weg dort hin gibt es verschiedene Stufen, so die Beherrschung körperlicher Begierden, die Beachtung von Reinheitsvorschriften, das Erlernen von bestimmten Körperhaltungen, die Kontrolle des Atems, Verinnerlichung, Konzentration, Meditation und Versenkung.

Heute gibt es eine Vielzahl von Systemen, Methoden und Ansichten, die sich zum Teil vom ursprünglichen Yoga weit entfernt haben.

Auch hier sinnvoll: Einstieg durch einen Kurs

Grundsätzlich kann Yoga von allen Menschen unabhängig von Alter und Beweglichkeit ausgeführt werden; in Zweifelsfällen sollten Sie vorher mit Ihrem Arzt Rücksprache halten. Gerade für ältere Menschen und schwangere Frauen eignet sich Yoga sehr gut, denn die körperlichen Übungen bestehen aus sehr sanften Dehnungen, die jeder selbst nach seinem aktuellen Befinden und Gesundheitszustand ausrichten und mehr oder weniger intensiv praktizieren kann. Yoga fördert die Beweglichkeit des gesamten Körpers und kräftigt die Muskulatur.

Die Übungen sind vielfältig einsetzbar, so zum Beispiel schon bei kleineren Beschwerden wie leicht erhöhtem Blutdruck, Kopf- oder Rückenschmerzen, die auf Verspannungen beruhen, Überforderung der Muskeln, innerer Anspannung sowie zur Vorbeugung und Linderung von Stresssymptomen.

Auch hier ist es wieder ratsam zunächst einen Kurs zu besuchen, in dem ein qualifizierter Yogalehrer die einzelnen Übungen genau erklären und ihre Ausführung kontrollieren kann. Die Kurse erstrecken sich meist über längere Zeiträume oder finden fortlaufend statt. Viele Volkshochschulen bieten mittlerweile Yoga an. Sie können sich auch beim Berufsverband der Yogalehrer in Deutschland BDY e. V. nach Yogavereinigungen in Ihrer Nähe erkundigen (Adresse s. S. 121).

So funktioniert Yoga

Basis einer Yogaübung sind sanfte Dehnungen, die den Körper aufwärmen. Sie bauen aufeinander auf, so dass sich die Muskeln langsam an die Anforderungen gewöhnen können. Im Laufe der Zeit lässt dann auch die anfängliche Steifheit der Gelenke nach, äußere und innere Spannungen werden abgebaut und die Beweglichkeit des ganzen Körpers verbessert sich spürbar.

Eine Yogaeinheit umfasst normalerweise drei Sequenzen:

- Yogahaltungen beziehungsweise Dehnungsübungen, die so genannten Asanas,
- spezielle Atemtechniken (Pranayamas),
- Meditationsübungen.

Diese lassen sich in verschiedenen Schwierigkeitsgraden miteinander kombinieren. Dabei dient die Atemübung als Vorbereitung auf die Meditation. Yoga eignet sich sehr gut zur Linderung stressbedingter Beschwerden: Die Asanas wirken beruhigend auf den Körper, während die Pranayamas und die Meditationen die Seele und den Geist besänftigen.

Eine Yogaübung, die diese drei Elemente umfasst, kann zwischen einer halben und knapp zwei Stunden dauern. Damit Sie eine Vorstellung vom Charakter der einzelnen Übungsteile bekommen, stellen wir im Folgenden einige ausgesuchte und einfache Asanas, Pranayanas und Meditationsanleitungen vor.

Vielleicht finden Sie an der einen oder anderen Übung Gefallen; probieren Sie es einfach aus, aber achten Sie besonders bei den Asanas darauf, dass Sie sich nicht überfordern. Erzwingen Sie nichts, und halten Sie die Stellungen nur so lange ein, wie es für Sie angenehm ist. Oberstes Gebot ist Ihr Wohlbefinden!

Übungen: Den Nacken entspannen

Setzen Sie sich mit geradem Rücken bequem hin und lassen Sie Ihre Arme an den Seiten herunterbaumeln.

Seit-Blicke

Drehen Sie den aufrechten Kopf langsam und vorsichtig, so weit wie möglich nach rechts, dann nach links. Achten Sie darauf, den Kopf nicht nach oben oder unten zu kippen. Wiederholen Sie diese Bewegung 4- bis 8-mal.

Ohr zur Schuler

Kippen Sie Ihren Kopf mit dem Ohr in Richtung Schulter, den Arm der jeweils anderen Seite ziehen Sie dabei gestreckt nach unten. Wechseln Sie dann die Seiten. Genießen Sie die Dehnung der seitlichen Halsmuskulatur jeweils 20 bis 30 Sekunden lang.

Look up and down

Heben Sie zunächst den Kopf und blicken Sie nach oben zur Decke. Dabei atmen Sie ein. Dann senken Sie den Kopf und schauen zwischen den Beinen nach unten zum Boden. Atmen Sie dabei aus. Wiederholen Sie diese Bewegung mehrmals. Führen Sie diese Übung vorsichtig und langsam aus, damit Sie sich keine Zerrung im Nacken-/Halsbereich zuziehen.

Im Alltag merken Sie oft nicht sofort, dass Ihre Nacken- und Schultermuskeln verspannt sind. Durch diese Übungen schärft sich Ihre Wahrnehmung in diesem Punkt und Sie werden Anspannungen in Zukunft früher wahrnehmen und ihnen schnell und effektiv vorbeugen können.

Außerdem eignen sich diese Übungen gut dazu, Stress abzubauen: Wenn Sie während der Dehnungen in jeder Bewegung tief und bewusst atmen, trainieren Sie Ihre Lunge und gewöhnen sich daran, den Atem insgesamt intensiver wahrzunehmen. Durch tiefes, langsames Atmen werden Spannungen abgebaut, Körper und Geist können sich besser entspannen.

Führen Sie diese Haltungen und auch die folgenden Atemübungen möglichst mit geschlossenen Augen aus; die Konzentration auf sich selbst fällt Ihnen dann meist deutlich leichter.

Übung: Das „Zungenröllchen"

Formen Sie mit der Zunge ein Röllchen, das vorne leicht aus dem Mund schaut. (Wenn Sie zu den fünfzig Prozent der Menschheit gehören, die das nicht können, öffnen Sie einfach den Mund ganz leicht und legen die Zunge an die oberen Schneidezähne.) Atmen Sie jetzt durch das Röllchen oder die nur leicht geöffneten Lippen ein. Ziehen oder saugen Sie die Luft richtig ein, so dass Sie die Kühle spüren. Schließen Sie den Mund, wenn Sie eingeatmet haben (die Zunge kommt wieder in ihre normale Position), und atmen Sie durch die Nase mit leicht hörbarem Atem („Hmm") aus. Wiederholen Sie die Übung 4- bis 8-mal und spüren Sie dann einige Atemzüge lang nach.

Eine solche Atemübung kann als Einleitung zur folgenden Meditation dienen; Sie können die Meditation aber genauso gut auch für sich allein praktizieren.

Übungen: Atemmeditationen

Luftballon

Stehen Sie mit leicht gebeugten Knien und hüftbreit geöffneten Beinen, legen Sie die Hände übereinander auf die Nabelgegend. Beim Einatmen öffnen Sie die Arme nach vorn ausholend zur Seite. Atmen Sie dabei langsam und tief durch die Nase in den Bauch hinein. Beim Ausatmen nehmen Sie die Arme und Hände wieder zurück, bis sie am Ende der Ausatmung auf dem Bauch liegen. Fühlen Sie, wie Ihr Bauch, als wäre er ein Luftballon, beim Einatmen größer und beim Ausatmen kleiner wird. Wiederholen Sie diese Übung 4-mal. Wenn Sie möchten, strecken Sie beim Einatmen die Beine etwas und gehen beim Ausatmen leicht in die Knie.

Luft-Pumpe

Sie stehen mit hüftbreit geöffneten Beinen fest auf dem Boden, die Füße zeigen nach vorne. Verschränken Sie die Finger vor dem Bauch. Drehen Sie die Handflächen so, dass sie nach unten zeigen. Ziehen Sie beim Einatmen die verschränkten Hände bis auf Brusthöhe nach oben, beim Ausatmen führen Sie die Hände wieder nach unten, bis sie gestreckt sind. Bei der Aufwärtsbewegung, die das Einatmen begleitet, können Sie die Beine strecken und bei der Bewegung nach unten, die das Ausatmen begleitet, leicht in die Knie gehen. Die Finger bleiben während der gesamten Übung (4 Zyklen) locker verschränkt.

Luft-Gruß 1

Stellen Sie sich fest auf den Boden, die Beine hüftbreit auseinander. Legen Sie nun die Handflächen vor der Brust aneinander (indische Grußhaltung „Namaste"). Lassen Sie die Arme nach unten sinken, lösen Sie die Hände voneinander und führen Sie die Arme gestreckt über die Seiten über den Kopf. Bringen Sie die Handflächen nun wieder zusammen und führen Sie die Hände langsam wieder nach unten vor die Brust. Die Aufwärtsbewegung begleitet die Einatmung, die Abwärtsbewegung die Ausatmung. Wiederholen Sie dies 4-mal. Achten Sie darauf, dass die Bewegung ruhig und langsam fließt und auf den Atem abgestimmt ist.

Luft-Gruß 2

Bei dieser Übung wird die Bewegung vom „Luft-Gruß 1" genau umgekehrt. Heben Sie mit der Einatmung die aneinandergelegten Hände nach oben bis die Arme gestreckt sind. Lösen Sie dann mit dem Beginn der Ausatmung die Hände voneinander und führen Sie die Arme über die Seiten nach unten, bis sich die Handflächen vor dem Becken treffen. Am Ende der Ausatmungsphase heben Sie die aneinandergelegten Hände wieder vor die Brust. Dies bitte 4-mal wiederholen. Bleiben Sie so entspannt wie möglich, während Sie tief atmen.

Solche Meditationen sind ein wunderbarer Weg, um ein Gleichgewicht zwischen der Umwelt und Ihrem Befinden herzustellen. Lernen Sie, immer bewusster zwischen Anspannung und Entspannung zu wechseln. Hierzu bietet Yoga eine geeignete Methode.

Yoga heißt übersetzt „Vereinigung". Es soll ein Gleichgewicht zwischen Körper und Geist geschaffen werden. Das Ziel oder Ideal ist eine Balance, das harmonische Zusammenwirken aller Bestandteile, die uns als Menschen ausmachen: des Körpers, des Denkens und des Fühlens. Diese Balance ist freilich nicht statisch, vielmehr gestaltet sie sich stets ein wenig anders. An einem Tag sind wir sehr zentriert, am nächsten Tag vielleicht schon wieder in ziemlicher Unordnung, die es zu beheben gilt. Uns immer wieder an die Mitte, an den relativ ausbalancierten Zustand heranzuführen, ist eines der Ziele von Yoga.

Yoga erfordert von allen bisher vorgestellten Methoden vielleicht die meiste Zeit, Ausdauer und Geduld im Üben. Doch seine positive Kraft ermöglicht es dauerhaft, einen gesunden inneren Abstand und wohltuenden Ausgleich zum anstrengenden Alltag zu schaffen und so Körper, Geist und Seele wieder in ein harmonisches Gleichgewicht zu bringen.

Die Fantasie trainieren

In den im Folgenden beschriebenen Übungen geht es darum, dass Sie sich etwas Bestimmtes vor Ihrem inneren Auge ausmalen. Ihre Fantasie ist gefragt und je intensiver Sie sich etwas vorstellen können, umso leichter tritt der gewünschte Effekt der Übung ein. Eine lebhafte Fantasie hat gerade in unserer heutigen technisierten Welt immer noch einen hohen Stellenwert.

Erinnern und erfinden

Es gibt zahlreiche Möglichkeiten, das Vorstellungsvermögen gezielt zu unterstützen, z. B. die folgenden:

Übung: Konzentration in Bildern

1 Sie schließen die Augen und stellen sich eine weiße Leinwand vor, auf der ein großer imaginärer Pinsel die Farbe Rot (später Blau, Gelb usw.) aufträgt. Wenn Sie sich dieses einfache Bild immer wieder einmal vorstellen, wird es von Mal zu Mal deutlicher und schneller vor Ihrem inneren Auge entstehen.

2 Genehmigen Sie sich ab und zu einen angenehmen Tagtraum: Sie versetzen sich in Gedanken an einen schönen Ort, z. B. an einen Badestrand oder in einen blühenden Garten, und malen sich die Szenerie in allen Details aus.

3 Betrachten Sie einen beliebigen Ausschnitt aus Ihrer Umgebung so genau wie möglich, schließen Sie dann die Augen und malen Sie in Ihrer Vorstellung ein detailgetreues Bild nach.

Eine gute Ergänzung: Gedächtnistraining nach der Geisselhart-Methode

Auch in unserem Gedächtnistraining nach der Geisselhart-Methode spielen die Fantasie und das Denken in Bildern eine herausragende Rolle: Mit ihrer Hilfe werden die Fakten, die man sich dauerhaft einprägen will, sicher im Langzeitgedächtnis verankert. So fördern Sie durch Fantasie Ihr Erinnerungsvermögen und wirken gleichzeitig auf dieser Ebene beruflichem Stress entgegen. (Hinweis: Weitere Informationen finden Sie im TaschenGuide „Memory. Gedächtnistraining und Konzentrationstechniken".)

Mit einem gut geschulten Gedächtnis

- können Sie sich wichtige Neuigkeiten zuverlässig einprägen,
- behalten Sie Namen und Gesichter dauerhaft im Kopf,
- denken Sie an alles, was Sie in der nächsten Zeit erledigen müssen,
- wird Ihre Sprache und Ausdrucksweise bildhafter, plastischer und lebendiger,
- merken Sie sich wichtige Fakten aus Gesprächen, Sitzungen und Telefonaten viel leichter,
- haben Sie Zahlen, Daten und Termine zuverlässig abgespeichert und
- arbeiten Sie insgesamt ruhiger und konzentrierter, der innere Stress lässt spürbar nach.

Zahlreiche Übungen, Beispiele und Anregungen zur Förderung Ihrer Vorstellungskraft finden Sie in unseren Übungsbüchern zum Gedächtnistraining (s. Anhang, S. 121).

Mentales Training

Die Fähigkeit, lebendige und individuelle Bilder in Ihrem Kopf entstehen zu lassen, hilft Ihnen, auf den verschiedensten Gebieten in Zukunft noch erfolgreicher zu werden. Mehr noch: Gedanken besitzen offensichtlich eine gewisse Verwirklichungskraft und Energie. Und diese ist umso größer, je mehr sie durch intensive Vorstellungsbilder unterstützt werden.

Viele berühmte Spitzensportler nützen dieses mentale Training inzwischen genau so intensiv wie das körperliche: Sie ziehen sich immer wieder zurück, um sich in Ruhe zu entspannen. Sie versetzen sich dann in ihrer Vorstellung in die Wettkampfsituation und malen sich in allen Details aus, wie sie anschließend ihre Leistung erbringen werden.

Beispiel: Ein imaginäres Radrennen

Einige Minuten vor Beginn des Rennens entspannt sich der Radrennfahrer mit einer bewährten Methode: Er begibt sich in seiner Fantasie an den Start. Er konzentriert sich in Gedanken darauf, genau mit dem Startsignal loszuschießen, und vor seinem inneren Auge sieht er, wie er die Strecke Abschnitt für Abschnitt durchfährt. Jede Kurve, jede Steigung bewältigt er im optimalen Tempo, er nutzt den Windschatten des Teams, so wie er es tausendmal geübt hat, er lässt seine Konkurrenten nach und nach hinter sich und zieht im Sprint auch am letzten Fahrer, der noch vor ihm ist, vorbei. Zum Schluss sieht er sich ins Ziel einfahren und alle Zuschauer reißen begeistert die Arme hoch: Er ist der Sieger!

Mit der Kombination aus Entspannungstraining und Fantasie können Sie in Ihrem beruflichen und privaten Leben dafür sorgen, dass Sie dauerhafte Reserven aufbauen und so dem Stress schon in der Entstehungsphase aktiv entgegenwirken.

Die aktive Imagination

Je schöner, harmonischer und ansprechender Ihre inneren Bilder sind, umso mehr Kraft können Sie daraus schöpfen. Nutzen Sie Ihre Fähigkeit immer wieder, um vor allem im entspannten Zustand Bilder aufzurufen: Denken Sie an Ihre wichtigen Lebensziele und gestalten Sie diese Vorstellungen so bunt und lebendig wie möglich.

Diese Aktivität Ihrer Vorstellung, die bewusste Einbildungskraft, die Sie unter anderem mit der Geisselhart-Methode des bildhaften Gedächtnistrainings entwickeln und vervollkommnen können, wird Ihnen in vielen Lebensbereichen gute Dienste leisten. Die „aktive Imagination", wie sie bei C. G. Jung heißt, steht im Gegensatz zum eher passiv erlebten Traum: Ihre imaginären Bilder gestalten und lenken Sie zwar in der körperlichen Entspannung, doch in vollkommener geistiger Frische und Wachheit.

Den siebten Sinn schulen

Fantasie, Vorstellungskraft und das Denken in Bildern – wenn Sie diese geistigen Bausteine entwickeln, werden Sie gleichzeitig auch Ihre Intuition, Ihren „siebten Sinn" ausbilden. Besonders in Phasen der reinen Entspannung, in denen Sie an nichts Bestimmtes denken, tauchen verstärkt Intuitionen auf.

Je mehr Sie nun daran gewöhnt sind, die inneren Bilder, die spontan entstehen, auch wahrzunehmen, umso eher erkennen Sie eine Intuition. Sie kann unaufgefordert erscheinen, sie kann genauso gut als Antwort auf eine von Ihnen gestellte Frage auftauchen. Sie ist eine Art bildhaftes Wissen aus dem Innern, das vorsichtig erfasst und gedeutet sein will.

Nehmen Sie sich möglichst jeden Tag ein wenig Zeit, um sich zu entspannen. Versenken Sie sich, wenn Sie ungestört sind, in eine innere Welt voll schöner Erinnerungen oder Wünsche. Erleben Sie dort, wie sich schwierige Situationen wie von selbst lösen, wie Sie selbst entspannt und frei Ihren Pflichten nachgehen und alles um Sie herum und in Ihrem Innern seine eigene Stimmigkeit hat. Einen Teil von dieser Ruhe, einen Schimmer von diesem Glanz bringen Sie automatisch wieder mit in die Alltagswelt, als Motivation und Inspiration.

Voraussetzung dafür ist ein ruhiges Konzentrieren, ein Vertrauen in die Bilder, die dabei aufsteigen, und die Fantasie und Vorstellungskraft diese Bilder anzunehmen und weiterzuentwickeln.

Ein wenig Ruhe und Konzentration, schon zehn Minuten täglich reichen aus, und Sie werden dem alltäglichen Stress anders begegnen können, nämlich gefasst und ausgeglichen.

Zu guter Letzt

Sie haben nun einen Eindruck davon bekommen, was für verschiedene Möglichkeiten und Ansatzpunkte es gibt dem täglichen Stress effektiv und kreativ zu begegnen. Das Wichtigste dabei ist aber natürlich, dass Sie diese Übungen – oder zumindest einen Teil davon – auch wirklich anwenden. Davon werden zwar die Belastungen und Anforderungen des Alltags nicht weniger werden. Aber vielleicht kommen sie Ihnen mit der Zeit erträglicher vor, wenn Sie merken, dass Sie ihnen nicht hilf- und wehrlos ausgesetzt sind. Es gibt für jeden geeignete Rezepte, um besser mit dem alltäglichen Stress fertig zu werden. Vielleicht gelingt es Ihnen ja, sich mit der Zeit ein kleines Repertoire an Hilfen zusammenzustellen, mit deren Unterstützung Sie sich immer öfter innerlich von der Stresssituation distanzieren und besser mit ihr umgehen können. Vielleicht werden Sie immer mehr den Aspekt einer nützlichen Herausforderung entdecken, die Sie in Ihrer persönlichen Entwicklung voranbringt und neue kreative Ideen zur Bewältigung entstehen lässt.

Vergegenwärtigen Sie sich das Motto „Herausforderung statt Stress", indem Sie sich zur rechten Zeit die nötigen Pausen und die Möglichkeit einer inneren Balance gönnen. Je ausgeglichener Sie sich fühlen, umso dauerhafter und effektiver können Sie auch wieder arbeiten und Ihre Leistungsfähigkeit unter Beweis stellen. Eines Tages wird sich Ihre innere Einstellung deutlich dahingehend ändern, dass Sie sich immer öfter nicht mehr gestresst, sondern Ihren Fähigkeiten entsprechend herausgefordert fühlen. Auf diesem Weg wünschen wir Ihnen viel Freude und Erfolg!

Literaturverzeichnis und Adressen

Geisselhart, Roland/Hoffmann, Christiane, Memory, Gedächtnistraining und Konzentrationstechniken. Planegg 2009.

Birkenbihl, Vera F.: Stroh im Kopf. Landsberg 2007.

Brünjes, Reinhold (Madhuha): Leben mit Yoga. Verlag für Yoga-Philosophie. Zu beziehen über den Autor, Adr. s. u.

Lindemann, H.: Überleben im Stress. Autogenes Training. München 1989.

Olschewski, A.: Progressive Muskelentspannung. Heidelberg 1996.

Trökes, Anna: Yoga zum Entspannen. Innere Ruhe und Gelassenheit finden. München 2006.

Thomas, K.: Praxis des Autogenen Trainings. Stuttgart 2006.

Empfehlung des Autors zur alternativen Yogalehrer-Ausbildung:
Madhuha Brünjes, Waldkircher Str. 36 B, 79215 Elzach

Berufsverband der Yogalehrer in Deutschland BDY e. V.

Jüdenstr. 37, 37073 Göttingen, www.yoga.de

Informationen zu Entspannungsseminaren und Ausbildung zum/zur Trainer/in:

Roland Geisselhart-Team

Postfach 2904, 88023 Friedrichshafen

Tel. 07541-44525 oder 44924 Fax: 07541-42541
www.geisselhart.com

Bei Interesse bietet das Geisselhart-Team die Möglichkeit einer kostenlosen Probestunde in einem Entspannungs- oder Ausbildungsseminar.

Stichwortverzeichnis

Bibliografische Information der Deutschen Nationalbibliothek
Die Deutsche Nationalbibliothek verzeichnet diese Publikation in der Deutschen Nationalbibliografie; detaillierte bibliografische Daten sind im Internet über http://dnb.ddb.de abrufbar.

ISBN 978-3-448-10094-5
Bestell-Nr. 00654-0005

5., aktualisierte Auflage 2009

Postanschrift: Postfach, 82142 Planegg
Hausanschrift: Fraunhoferstraße 5, 82152 Planegg
Fon (0 89) 8 95 17-0, Fax (0 89) 8 95 17-2 50
E-Mail: online@haufe.de
Internet: www.haufe.de
Lektorat: Dr Ulrike Wagner, Dr. Ilonka Kunow
Redaktion: Jürgen Fischer
Redaktionsassistenz: Christine Rüber

Wichtiger Hinweis: Bei den in diesem Buch vorgestellten körperlichen Übungen (u. a. aus dem Yoga) handelt es sich um einfache und für gesunde Menschen gefahrlose Übungen. Inwieweit deren Ausübung für Sie von Nutzen ist, müssen Sie allerdings selbst entscheiden. Bitte beachten Sie auch die entsprechenden Hinweise im Text.

Umschlaggestaltung: Agentur Buttgereit & Heidenreich, 45721 Haltern am See
Desktop-Publishing: Agentur: Satz & Zeichen, Karin Lochmann, 83129 Höslwang
Druck: freiburger graphische betriebe, 79108 Freiburg

Zur Herstellung der Bücher wird nur alterungsbeständiges Papier verwendet.

Die Autoren

Roland R. Geisselhart

absolvierte eine Psychologenausbildung an einer Privatschule und ist heute einer der bekanntesten Managementtrainer für Gedächtnis- und Konzentrationstechniken. Zahlreiche Fernsehauftritte, u. a. bei Dr. Alfred Biolek, machten ihn einer breiten Öffentlichkeit bekannt. Seine Seminare in führenden Unternehmen Deutschlands, der Schweiz und Österreichs besuchten mehrere Zehntausend Menschen.

Christiane Hofmann

arbeitet als Autorin und gibt seit langem Kurse für Entspannungsmethoden. Sie hat bereits mehrere Bücher zusammen mit Roland Geisselhart veröffentlicht.

Weitere Literatur

„Stressmanagement. Das Kienbaum Trainingsprogramm", von Saskia-Maria Weh, 200 Seiten, € 24,95.
ISBN 978-3-448-08741-2, Bestell-Nr. 00172

„Machtspiele – die Kunst, sich durchzusetzen", von Matthias Nöllke, 230 Seiten, € 19,80.
ISBN 978-3-448-08053-7, Bestell-Nr. 00088

TaschenGuides – Qualität entscheidet

Bereits erschienen:

Der Betrieb in Zahlen

- 400 € Mini-Jobs
- Balanced Scorecard
- Betriebswirtschaftliche Formeln
- Bilanzen
- Buchführung
- Businessplan
- BWL Grundwissen
- BWL kompakt – die 100 wichtigsten Fakten
- Controllinginstrumente
- Deckungsbeitragsrechnung
- Einnahmen-Überschussrechnung
- Finanz- und Liquiditätsplanung
- Die GmbH
- IFRS
- Kaufmännisches Rechnen
- Kennzahlen
- Kleines Lexikon Rechnungswesen
- Kontieren und buchen
- Kostenrechnung
- Mathematische Formeln
- VWL Grundwissen

Mitarbeiter führen

- Besprechungen
- Führungstechniken
- Die häufigsten Managementfehler
- Management
- Managementbegriffe
- Mitarbeitergespräche
- Moderation
- Motivation
- Projektmanagement
- Spiele für Workshops und Seminare
- Teams führen
- Workshops
- Zielvereinbarungen und Jahresgespräche

Karriere

- Assessment Center
- Existenzgründung
- Gründungszuschuss
- Jobsuche und Bewerbung
- Vorstellungsgespräche

Geld und Specials

- Die neue Rechtschreibung
- Eher in Rente
- Energie sparen
- Energieausweis
- IGeL – Medizinische Zusatzleistungen
- Immobilien erwerben
- Immobilienfinanzierung
- Sichere Altersvorsorge
- Geldanlage von A-Z
- Web 2.0
- Zitate für Beruf und Karriere
- Zitate für besondere Anlässe

Persönliche Fähigkeiten

- Allgemeinwissen Schnelltest
- Ihre Ausstrahlung
- Business-Knigge – die 100 wichtigsten Benimmregeln
- Mit Druck richtig umgehen
- Emotionale Intelligenz
- Entscheidungen treffen
- Gedächtnistraining
- Gelassenheit lernen
- Glück!
- IQ – Tests
- Knigge für Beruf und Karriere
- Knigge fürs Ausland
- Kreativitätstechniken
- Manipulationstechniken
- Mathematische Rätsel
- Mind Mapping
- NLP
- Peinliche Situationen meistern
- Schneller lesen
- Selbstmanagement
- Sich durchsetzen
- Soft Skills
- Stress ade
- Verhandeln
- Zeitmanagement